图书在版编目(CIP)数据

城市地下道路交通指引设计理论与实践 / 游克思，陈丰，罗建晖编著. -- 上海：同济大学出版社，2021.3
ISBN 978-7-5608-9794-3

Ⅰ.①城… Ⅱ.①游…②陈…③罗… Ⅲ.①城市隧道-隧道工程-工程设计 Ⅳ.①U459.9

中国版本图书馆 CIP 数据核字(2021)第 031039 号

城市地下道路交通指引设计理论与实践

游克思 陈 丰 罗建晖 编著

责任编辑 胡晗欣
责任校对 徐春莲
封面设计 钱如潺

出版发行 同济大学出版社 www.tongjipress.com.cn
(地址：上海市四平路 1239 号 邮编：200092 电话：021-65985622)
经 销 全国各地新华书店
排版制作 南京月叶图文制作有限公司
印 刷 上海安枫印务有限公司
开 本 710 mm×1000 mm 1/16
印 张 10
字 数 200 000
版 次 2021 年 3 月第 1 版 2021 年 3 月第 1 次印刷
书 号 ISBN 978-7-5608-9794-3
定 价 98.00 元

前　言

近年来城市地下道路发展迅速，建设数量越来越多，规模越来越大，地下道路高效、安全的行驶需要完善的交通指引系统来配套。随着地下道路向系统性多点进出、网络化发展，其内部一般都设置多个出入口，地下道路特殊的环境使驾驶人在驾驶过程中缺乏参照物，驾驶人对交通标志的依赖性更强，因此，地下道路交通标志设置比地面道路交通标志设置具有更高要求。而当前地下道路交通标志设置存在一定问题，如标志识别性不强、设计随意性大、形式多样，缺乏统一性，影响行车安全与运营效率。此外，目前地下道路交通标志的设置仍参考地面道路相关规范，不适合城市地下道路自身特点，不能满足设计需求。

在此背景下，行业迫切需要指导地下道路标志和标线设置的标准。作者有幸参与完成了《城市地下道路交通标志和标线设置标准》(T/CECS 626—2019，中国工程建设标准化协会)和《城市地下道路交通标志和标线设计规范》(DB31/T 1120—2018，上海市地方标准)。在规范编制过程中，对交通标志和标线设置技术和标准开展了系列研究。

本书从如何提升地下道路交通指引效果出发，开展了关键问题研究：

(1) 提出了地下道路环境下主动发光交通标志版面关键设计参数。

(2) 提出了“进入地下道路前—地下道路内部—驶出地下道路”全过程不同位置的标志设置类型和要求，进一步规范地下道路交通标志和标线设置，形成了技术标准。

(3) 提出了基于信息设计的复杂地下道路交通指引设置方法和流程，并开展了基于驾驶仿真模拟实验的标志设置效果评估研究。

(4) 开展了智能化交通指引应用研究，实现地下道路环境的车辆定位与导航，并进行了实际技术验证示范。

上海市政总院资深总工俞明健、刘艺博士作为前述两部规范的主编，在城市地下道路标志和标线设置标准研究方面做了很多工作，其成果在本书中被引用，深表谢意；章华金、叶剑亮、李雪莹等在工程设计中检验了规范部分成果，为本书提出了宝贵意见；同济大学刘硕参与编写了地下道路交通标志和标线设置标准章节的部分内容，潘晓东、马小翔、张维麟、邬芳迪、梁洁馀、浦雅添、彭浩荣、吴艳一等在资料搜集和文献整理方面做了大量工作，同时参与了地下道路交通标志视认性和效果评估专题研究，在此一并表示感谢。

本书编写时参阅、引用了国内外大量参考文献资料，所引用文献尽量做到一一标注，但难免存在疏漏或引用与理解不当之处，敬请谅解，在此感谢所有文献的原作者。

限于作者水平，书中难免有不足之处，敬请读者批评指正。

期望本书能够对地下道路交通标志和标线设置精细化水平的提升有一定作用，让驾驶人在地下道路环境中行驶得更舒适，“地下寻路”不再难！

作者

2020 年 9 月于上海

目　　录

1 绪　论

1.1 城市地下道路发展状况

城市地下道路是指地表以下供机动车或兼有非机动车、行人通行的城市道路。近年来，土地资源紧缺，出于对保护生态、改善环境、提升区域功能以及提高城市综合竞争力等多重因素的考虑，城市地下道路建设工程越来越多。

以上海市为例，地下道路包括多点进出的系统性地下道路、穿越江河的地下道路以及穿越道路节点的下立交等三大类型，累计里程近百千米。其中，已建地下道路 68.9 km，在建地下道路 28.9 km。多点进出的系统性地下道路，如外滩隧道、在建的北横通道和东西通道，共计 20.9 km。连接型地下道路 52.1 km，其中区域性地下道路 5.9 km；越江通道 46.3 km，共 17 条，其中包括 15 条穿越黄浦江的越江隧道和 1 条穿越长江的长江隧道。上海市现有节点型地下道路共计 31 处，长约21.9 km，主要分布在中心城区。图 1-1 为上海市“井”字形地下通道规划。

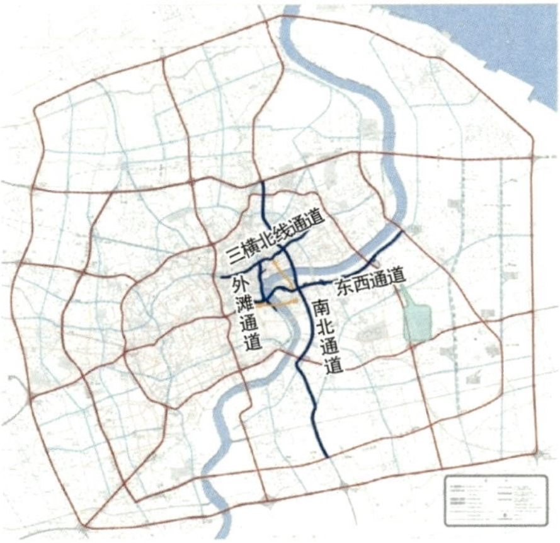

▲ 图 1-1　上海市“井”字形地下通道规划

另外，随着城市地下空间的发展，城市地下道路已呈现规模长大化、类型多样化和系统网络化特征。

(1) 规模长大化主要表现为地下道路长度越来越长、断面越来越大、深度越来越深。3 km 以上的特长地下道路越来越多，如上海北横通道(图 1-2)全长 19 km，其中地下段达 17 km，最大深度超过 40 m。

(2) 类型多样化主要表现为地下道路功能和类型多样，如：小客车专用地下道路，地下道路与轨道交通合建形成的地下复合交通廊道，以及在断面布置上采用单孔双层布置。

(3) 系统网络化主要表现为地下道路内部设置分合流出入口匝道，形成多点进出系统性地下道路，并通过地下立交衔接地下道路，形成地下路网，如

图 1-3 所示。

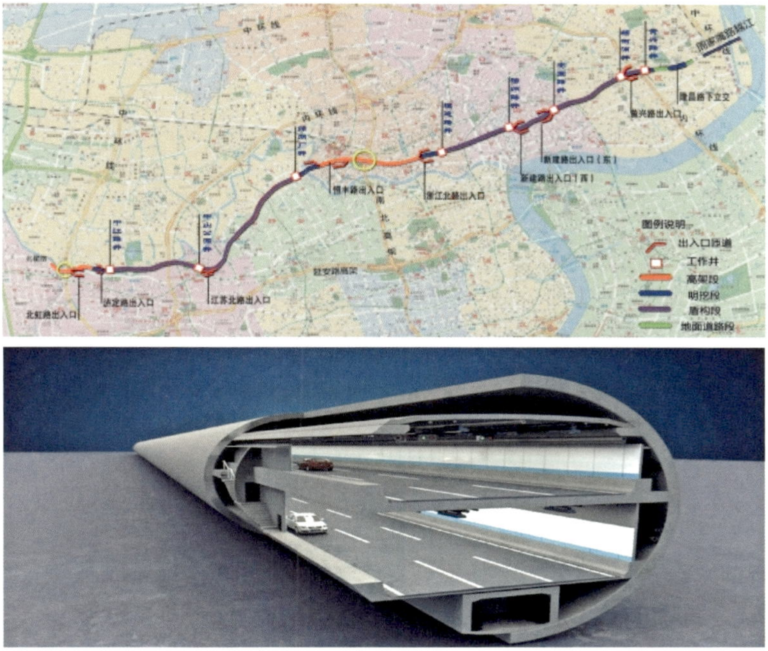

▲ **图 1-2　上海北横通道**

▲ **图 1-3　多点进出系统性地下道路与地下立交**

城市地下道路系统网络化主要包括简单网络化和复杂网络化两种类型。

(1) 简单网络化。地下道路之间、地下道路与地面路网之间的交通联系，以单个地下立交节点形式为主。

（2）复杂网络化。不同等级地下道路之间有序衔接，从城市地下快速路、主次干路，到区域服务级地下车库联络道，各级道路地下化和连通衔接，形成较为复杂的不同层级的地下路网。图 1-4 所示为广州金融城地下路网。

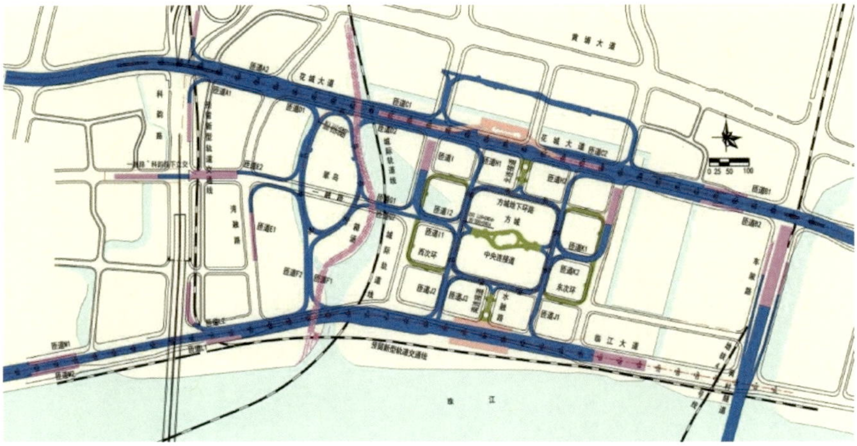

▲ 图 1-4　广州金融城地下路网

1.2　城市地下道路交通指引问题与挑战

城市地下道路网络化、系统性多点进出，在地下道路内部设置多个出入口，由此产生了设置标志系统对出入口进行交通指引的需求。此外，受地下道路特殊环境影响，地下道路中缺乏参照物，驾驶人对交通标志的依赖性更强，这使得地下道路交通标志设置比地面具有更高的要求。

然而，当前地下道路交通标志设置存在一定问题，影响行车安全与运营效率，地下道路交通指引系统面临新问题和挑战。

（1）地下道路互联互通后，出入口多，网络化地下道路系统导致车辆在地下行驶时间长，长时间在封闭空间内行驶引发的驾驶人驾驶舒适性降低和疲劳等问题，进一步加剧了驾驶人在地下道路的寻路困难。图 1-5 所示为苏州中心地下道路案例。

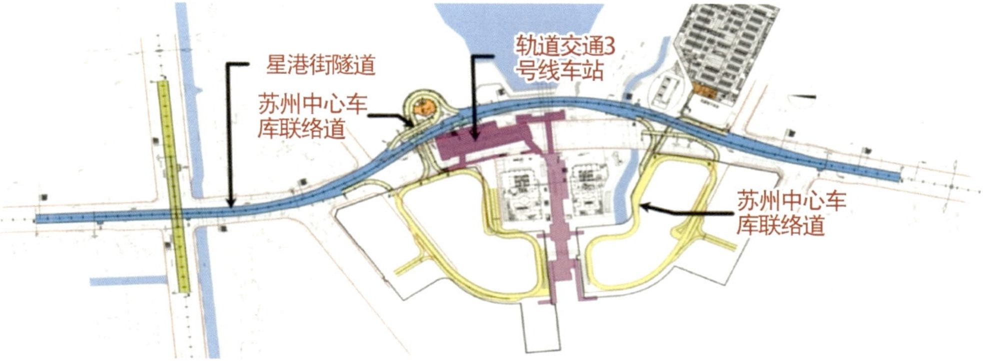

▲ 图 1-5 苏州中心地下道路案例

(2) 传统行车导航依赖 GPS/BDS 信号,由于 GPS/BDS 使用的频段为微波频段,绕射和穿透能力差,无法实现在地下道路环境下的应用。

(3) 现有地下道路设置的交通标志可识别性不强,受空间限制、侧墙遮挡以及光线影响,标志尺寸与版面布置受限,可识别性和信息设置存在一定困难。图 1-6 为国内外地下道路交通标志设置对比。

(a) 我国地下道路交通标志　　(b) 日本地下道路交通标志

▲ 图 1-6 国内外地下道路交通标志设置对比

(4) 设计随意性大,形式多样,缺乏统一性,质量难以把控:标志材料形式多样,如采用 LED 内部照明、LED 发光字体、荧光灯灯箱、外部照明等不同形式;版面尺寸设置、字体高度压缩随意;标志牌版面布置、色彩设置随意(如绿底黄字、绿底白字等)。设计随意性导致当前城市地下道路的交通标志在外观、版面、色彩等方面五花八门。以上海市为例,不同的城市地下道路在标志和标线设置上存在很大差异(图 1-7),难以保证地下道路交通标志识别效果。

▲ 图 1-7　地下道路交通标志设置差异

(5) 地下道路交通标志与地面道路交通标志的设置应存在差异。但目前地下道路交通标志的设置仍参考地面道路相关规范,不适合城市地下道路自身特点,不能满足设计需求。

1.3　城市地下道路交通指引系统设计体系

针对 1.2 节提出的问题与挑战,城市地下道路需要设置高效的交通指引系统。通过对国内外相关文献的调研,本书讨论的交通指引系统是指:以准确高效引导目的地方向和传达道路交通管理意图等为目标,为驾驶人提供全过程信息服务而设置的指路交通标志、其他类型交通标志和标线以及辅助设施,各种设施之间有机联系,构成完整的系统。

地下道路交通指引系统对驾驶人行车体验和保障车辆运行安全具有重要意义。如何设计出高效的交通指引系统,一方面需要完善交通标志和标线,提高其识别性;另一方面需要积极采用智慧交通新技术,解决地下道路车行定位问题,实现导航在地面和地下无缝衔接。地下道路交通指引系统提升措施见表 1-1。

表 1-1 地下道路交通指引系统提升措施

提升方式	具体措施
交通标志和标线的完善	提高版面识别性
	优化材料和点位布置，明确不同位置的设置类型和要求
	信息分层分级，有系统化的设置方法和流程
智慧交通新技术的应用	实现智能化地下定位与导航

当前针对地下道路交通指引系统的研究和实践处于起步阶段，需要综合应用交通心理学、人体工效学、系统工程理论等专业和学科的基础理论与方法，开展系统化研究。做好地下道路交通指引系统的设计需要解决以下四个关键问题，这也是本书主要研究内容与成果，将在后续章节中陆续介绍。

(1) 地下道路环境的主动发光交通标志版面设计关键参数研究。

地下道路版面设计需要适当压缩字体高度和版面的尺寸以满足低净空的要求；另外，在交通标志材料上，需要采用光电式标志，以提高标志的识别性。解决主动发光标志的字体高度、版面亮度等设计参数缺乏研究的问题，这是设计有效标志的基础。

(2) 地下道路交通标志和标线技术标准研究。

在版面设计参数集成上，需要从交通标志的版面布置、材料以及从进入地下道路前到进入地下道路内部再到驶出地下道路全过程中标志设置等方面，进一步使地下道路交通标志和标线的设置规范化、系统化，形成相关技术标准。

城市地下道路交通标志和标线在点位布置时需要考虑是否受侧墙等遮挡；针对城市地下道路净空低、空间封闭、光线较暗以及视距受限等环境特点，建立地下道路交通标志和标线统一技术标准，为城市地下道路交通标志和标线设计提供科学、有效的指导。

(3) 复杂地下道路交通指引设置方法和流程研究。

通过多样化设置策略，解决复杂地下道路和地下路网的交通指引。如何进一步指导设计，提高地下道路交通标志设计的标准化程度，需要更为系统的设置流程来指导。设置流程包括：对驾驶人的信息需求分析，梳理不同阶段驾驶人的信息需求，并将信息进行分类分级，进而将其作为标志设计的基本依据，提出了基于信息设计的交通标志系统化、标准化设置方法和流程。

（4）地面-地下无缝衔接的一体化定位与导航研究。

定位与导航技术已成为驾驶人日常驾车寻路的重要辅助手段，由于地下环境特殊，GPS信号缺失、导航功能缺失，实现地面-地下无缝衔接一体化定位与导航需要打通与成熟导航App的联系，实现用户端进入地下道路内部导航的无缝衔接，为用户提供地下道路行驶新体验。

1.4 本书要点

全书共分为6个章节，内容介绍如下：

第1章，剖析当前地下道路发展趋势，提出交通指引面临的问题和挑战，提出了地下道路交通指引设计需要解决的四个关键问题，这些关键问题形成了本书后续章节的研究内容与成果。

第2章，通过国内外资料搜集和现场调研，总结了国内外关于交通标志设置和视认性等方面的研究成果。在实践案例调研方面，分别总结了国内外地下道路设置案例和其存在的问题与经验借鉴。

第3章，开展了地下道路标志视认性研究，作为交通标志设置的基础支撑理论。针对光电式标志进行视认性测试及评估，包括视认时间、信息识别率、有效信息获取率、识别及反应时间、信息识别正确率等，为标志版面尺寸压缩（字体高度）、光学性能等参数标准等提供数据支撑。最终通过试验研究得出了在地下道路环境下，不同设计速度的标志其汉字字体高度和发光标志版面的亮度、均匀度、对比度等版面关键设计参数指标，为城市地下道路交通标志设计提供参考。

第4章，研究了地下道路交通标志的设置要求，为便于指导地下道路指引设计，从驾驶人的交通流线和空间关系，将地下道路空间位置分为地下道路入口前区域、地下道路内部和地下道路出口区域等三种类型，针对每种空间位置提出相应的设置标志类型和具体设置要求，并结合示例进行阐述。

第5章，针对复杂地下道路系统，提出了基于信息设计的交通标志设置方法。以不熟悉路网环境的驾驶人为设计对象，研究驾驶人“进地下道路前—地下道路入口处—地下道路内部—出地下道路”等驶入与驶出全过程的空间认知心理和信息需求，梳理不同阶段驾驶人的信息需求，并将信息进行分类，形成地面-地下及其与路网区域一体化连续标志系统，进一步结合驾驶仿真模拟技术应用，提出了交通指引设置系统评价指标体系。

第 6 章，总结了室内定位的研究现状和存在的不足，针对地下道路定位的难点与挑战，以普通智能手机导航软件为集成基础，开展了基于射频测距的定位技术，结合多元融合算法和高精度地图导航无缝衔接的解决方案应用，实现地面-地下全过程定位与导航一体化，并搭建试验平台，通过实车试验对系统功能进行验证。

2 城市地下道路交通指引系统设置研究

2.1 国内外研究现状

2.2.1 交通标志设置与视认性研究

T.M.Allen 等(1995)针对交通标志的亮度与视认性的关系进行研究,发现在低亮度环境下,交通标志亮度值超过 34.3 cd/m^2 后,视认性提高不显著;在高亮度环境下,交通标志最佳亮度接近于 34.3 cd/m^2。

盛莉莉和郭敏(2008)针对自发光交通标志的亮度与环境对比度进行了研究,发现交通标志亮度与环境对比度对驾驶人视认距离有一定影响,在一定范围内可以使驾驶人获得最佳的视认距离。

Mary Bazire 和 Charles Tijus(2009)结合驾驶人的心理、生理状态,将驾驶人读取标志分为三个过程,并发现驾驶人在读取带有法律意义的标志时会先进行分析,再判断自己的操作。

孙兴堂(2009)运用交通工程学、交通心理学、系统工程等专业的基础理论与方法对交通标志的系统设计进行了深入的研究,提出了在研究驾驶人视觉特性的基础上采用冗余技术和标志性地物信息选取对快速路交通标志的设置方法。

P.G. Michael 等(2000)针对车速、道路等级对交通标志版面设计尺寸的影响进行了研究,指出道路等级越高,交通标志的版面尺寸应越大,因为车速越快,测试者对信息的接受能力就越弱。

侯德藻和黄凯(2010)基于驾驶人认知特性对汉字交通标志字高模型进行了研究。采用驾驶人视认过程模型,通过标志消失点与认读结束点重合的方式,找到了最小距离,再利用视力、视角与文字高度的关系,得到了不同速度下的汉字高度,最终使用规范验证了模型的适用性。

姜军、陆建和李娅(2010)以城市道路交通标志为研究对象,利用眼动仪和 GPS 采集了不同光照条件下驾驶人视认交通标志的特性数据,建立了基于驾驶人视认特性的交通标志设置参数计算模型,并利用模型分析了交通标志信息量,设置仰角等参数。

B.H. Cottrell 和 P.K. Edara(2011)研究了在高速公路上设置特殊服务区的距离提醒标志对驾驶人的影响。设置距离提醒标志可以使驾驶人控制好车速,并且对前方道路有一定的预判。

刘祥胜等(2011)针对逆光现象提出透光标志的设想。

向东霞(2011)对城市道路的夜间导向系统进行设计研究,从可视化的角度出发,分析城市夜间导向系统设计的不合理性,提出两种新的夜间导向系统设计,进一步提高导向系统的夜间可见性。

Liou Jein-jang 等(2011)基于人因工程学对 LED 标志的认读性进行了研究。着重研究如何提高高亮度环境下 LED 标志的认读性。发现过高的环境亮度会影响 LED 标志的认读性,LED 标志亮度与环境亮度比在 3∶1 时其认读性为最佳。

张瑞(2012)提出了多媒体道路交通标志系统设计研究,将交通标志识别技术与汽车车内系统联系起来。

陈丽丽和金斐斐(2012)针对交通标志的版面信息和设置高度等方面进行了研究,从人体工程学和道路交通环境特点出发,给出一定的设置参考标准。

David Shinar 和 Margreet Vogelzang(2013)将交通标志分成不同的符号层次,通过对驾驶人的测试得出其对不同标志的熟悉程度,不同的行驶速度可使驾驶人对标志具有不同的理解层次。

胡同晶(2014)在研究驾驶人视觉特性和交通心理学的基础上对交通标志的设计参数进行了理论分析,同时以西安市为例,利用层次分析法对现有交通标志进行了评价。

白鹏(2014)选取 50 幅交通标志图片,从 5 个角度对交通标志认知性评级打分,发现了交通标志的设计问题并提出了改善建议。

Marco Costa 等(2014)对垂直交通标志的有效性进行了研究。选取了 22 个测试者开车行驶 8.0 km,共经过 75 个交通标志,结果发现只有 25%的标志是可以被看见并能被读取信息的,这说明很多交通标志的设置是无效的。

2.2.2 隧道交通标志设置研究

杜志刚、潘晓东和肖怀全(2008)对高速公路隧道出口交通标志设置的安全距离进行了研究,通过实验得到了大量的视觉震荡时间数据,通过分析,得到在车速为 60 km/h 和 80 km/h 时，高速公路隧道出口标志设置位置与洞口之间的合理距离为 100～140 m。

宋子璇等(2010)以驾驶人驾驶时的心理放松程度为评价指标，研究了基于隧道行车安全的侧墙颜色、图形和间距等设计。利用 3D Max 进行模拟实验，根据驾驶人满意度评价了各方案，结果表明蓝白条纹最利于驾驶，圆形、长方形能缓解驾驶人紧张心理，侧墙图案间距 10～20 m 最为合适。

张杰(2012)将驾驶人注视区域划分为上、下、左、右及中间五块，通过眼动仪实验发现，车辆在弯道行驶时，驾驶人注视点主要集中在弯道内侧和中间区域；在地下道路出入口，驾驶人视点活动区域范围压缩，应考虑设置立体型交通信息系统；在地下道路中间段，驾驶人视线集中在下部和中间区域，建议交通标志应设置在前方和下方。

吴琼等(2013)利用 3D Max 等软件模拟长隧道驾驶环境，采用评价清单的方式，从视认性和闪现率的角度对隧道内侧墙图案的色彩、图案尺寸及间距进行了实验研究，提出了“动感都市”“指引箭头”“浪花滔滔”和“三潭印月”等四种设计图案。

王赟(2014)针对特殊的公路隧道路段的交通标志设计，将其分为五种，分别确定这五种交通标志下的路段在运营中存在的安全隐患，运用认知理论对交通标志的设计要素和设计原则进行分析，并建立了评价体系。

2.2.3 隧道驾驶人视觉特性研究

Mark Brackstone 和 Ben Waterson(2004)研究了高速行驶过程中驾驶人的眼动行为。通过对驾驶人的注视时间(以注视区域百分比计)进行分析，得出了驾驶人在行驶过程中用于观察前方道路区域的平均时间。

Trent W.Victor, Joanne L. Harbluk 和 Johan A. Engstrm(2005)等研究了视觉听觉负荷对驾驶人眼动行为特性的影响，随着负荷增加，驾驶人平均注视持续时间及其方差增大，对前方道路中心区域的关注减少，弯道处的平均注视时间显著低于平直道路。

Said Easa 和 Wenlong He(2006)针对驾驶人的视觉需求，利用建模软件，建立三维两车道道路模型，选取 15 名驾驶人，分析了驾驶人横纵坐标方向上的视觉需求。

R. Jurado-Piña，J.M. Pardillo-Mayora 和 R. Jiménez(2010)对地下道路出口太阳眩光与行车安全问题进行研究，提出眩光阻碍驾驶人的视觉性能。强眩光条件下物体的能见度降低，增加了事故和碰撞发生的概率。

Bin Yan，Hong Chen 和 Lu Wang(2011)对驾驶人在地下道路群的视觉特性进行研究，选取 100 名驾驶人进行实验，发现不同的年龄、不同的驾驶经验以及不同的持续驾驶时间都与驾驶人的动态视觉特性有很大的关系。

Zhigang Du，Faming Huang，Xiaodong Pan(2013)对驾驶人在长地下道路中的视点分布特性进行研究。选取了 4 条典型长地下道路以及 8 名驾驶人，结果表明驾驶人的视点主要集中在水平线的下方位置且注视时间较长。

Christina Blumentrath 和 Mari Sundli Tveit(2014)利用人的视觉特性，针对挪威公共道路设计进行分析，发现基于经验感知的视觉特征研究仍存在相当大的缺陷，提出了道路视觉质量评价的理论框架。

陈鹏等(2014)采用行车实验与理论分析相结合的方法，研究了驾驶人在多点进出地下道路出入口时的生理特性，分析了地下道路出入口亮度变化、视觉适应性对地下道路入口障碍物视认距离的影响。

Tamar Ben-Bassat 和 David Shinar(2015)就驾驶人年龄和驾驶环境对交通标志的理解能力的研究表明，年轻的驾驶人对交通标志的理解时间比老年驾驶人短，驾驶环境越复杂，驾驶人所需的理解时间越长。

2.2 国内外城市地下道路交通标志和标线设置

2.2.1 现状调研与问题

1. 调研对象

为了解城市地下道路交通标志和标线设置现状，本书选取了上海市 17 条典型地下道路进行调研，同时也调研了 6 条国外地下道路设置案例。

根据不同类型地下道路的不同特点，需要设置标志和标线的要求也不同，表 2-1 为国内主要调研对象的特点及类型。国外典型地下道路的标志和标线设置主要源自谷歌街景和相关文献资料，表 2-2 为国外主要调研对象的特点及类型。

表 2-1 国内地下道路特点及类型

名称	特点	类型
外滩通道	系统型多点进出——主干路	多点进出特长隧道
陆家嘴环路地道	地面道路网比较复杂——主干路	
迎宾三路地道	穿越机场,周边无可代替地面道路——主干路	穿越机场隧道
复兴东路隧道	越江隧道、大小车分离	越江隧道
西藏南路隧道	越江隧道——主干路	
新建路隧道		
大连路隧道		
延安东路隧道		
军工路隧道	越江隧道——快速路	
翔殷路隧道		
邯郸路地道	快速路下立交,两端与高架衔接	下立交
四平路下立交	主干路下立交,与交叉口衔接	
大连路下立交		
上海东方路下立交		
徐家汇路下立交		
黄兴路下立交		
曹安公路下立交	公路下立交,下穿多个交叉口	

表 2-2 外国地下道路特点及类型

名称	特点	类型
美国波士顿中央大道	双向 8 车道,局部路段双向 6 车道,全长 8 km	多点进出特长隧道
法国巴黎 A86 东线隧道	单管双层,单向 2 车道,全长 10 km	多点进出特长隧道
澳大利亚布里斯班南北地下道路	单向两车道,全长 4.7 km	多点进出特长隧道
西班牙马德里 M30 环线隧道	单向 3～4 车道,全长 8.6 km	多点进出特长隧道
新加坡 KPE 地下高速公路	双向 6 车道,全长 12 km	多点进出特长隧道
澳大利亚悉尼 The Cross City Link	双向 4 车道,分离式双管,全长 2.1 km	多点进出长隧道

2. 调研内容与方法

本书主要采用表 2-3 中描述的调研内容与方法，对所要调研的地下道路进行数据采集和分析。

表 2-3 地下道路交通标志和标线调研内容与方法

调研内容	调研方法	调研设备
标志和标线设置	地下道路入口周边指引标志设置	视频采集，Google 街景地图，三维视频信息采集车
	入口洞口区域标志和标线设置	
	地下道路内部标志和标线设置	
	分流出口指引分级设置	
	危险路段用于提高交通安全的标志设置	
	消防应急标志设置	
标志和标线本体	地下道路内部交通标志材料（反光、内部照明、外部照明、自发光）	视频信息采集车，眼动仪，亮度计；在运营养护期间，通过实地测试检测获取
	内部光环境（亮度）	
	版面布置（尺寸、字体高度、内容排版等）	
	标志视认性问题（可视距离、亮度等）	
	标志材料的具体参数、指标	

2.2.2 国内城市地下道路标志设置情况

1. 入口前预告标志设置

对城市地下道路入口前预告标志设置情况进行调研发现，除下立交路外，越江隧道、外滩隧道等都在入口前一定区域设置了入口预告标志以增强引导驾驶人对地下道路入口的识别，减少绕行。图 2-1 所示为外滩隧道入口前预告标志设置位置。

通过案例总结得到，当前地下道路入口前预告标志在设置范围采用多级预告指引形式，一般结合指路标志进行统一设置；如位于一定距离以内，一般单独设置，并预告距离；在最后入口处设置入口确认标志。

多级预告入口形式的指路标志加强了隧道入口的识别引导，对减少车辆绕行具有重要意义。然而当前设置尚存在以下问题：

(a) 吴淞路入口

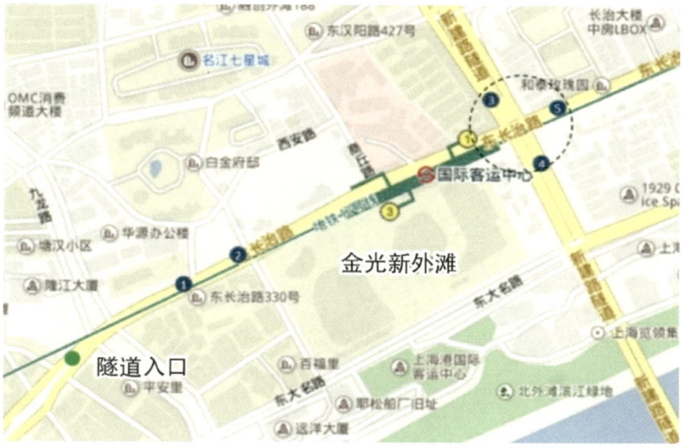

(b) 长治路入口

(c) 延安东路入口

(d) 中山东二路入口

▲ **图 2-1　外滩隧道入口前预告标志设置位置**

(1) 入口前预告标志设置范围不统一。不同隧道入口引导设置范围没有统一,如西藏南路隧道东南入口前区域预告标志与新建路隧道北入口前区域预告标志设置范围存在较大差异。此外,预告标志设置位置较乱,没有形成一个信息连续、层次分明的完整指引系统。入口前预告标志应设置在入口前地面道路与城市主干路、次干路交叉口处,交叉口除隧道入口外的其他方向都需设置预告标志(图 2-2)。

(2) 入口前预告标志版面设计和支撑方式无统一标准,入口前道路情况各不相同,指路标志版面设置存在较大差异。版面设置当前有两种形式:①在现有指路标志基础上增设,如图 2-3(a)所示;②单独设立,如图 2-3(b)所示。对入口预告标志版面设计和支撑方式需要有统一标准。

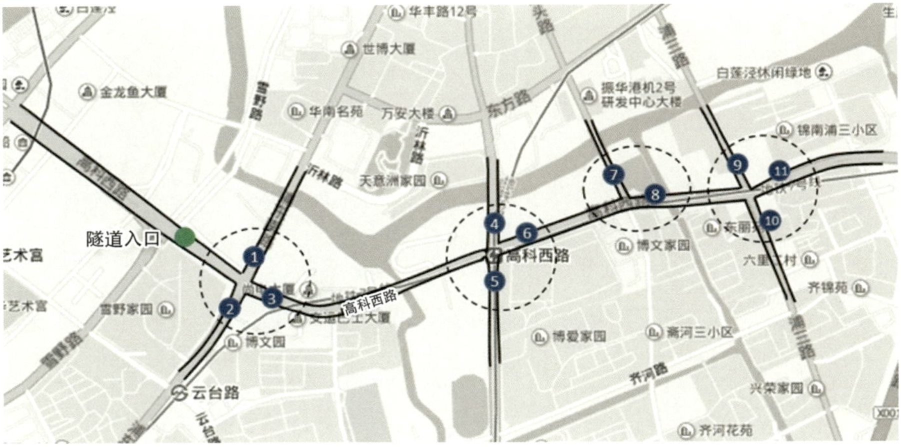

▲ 图 2-2　入口前预告标志设置位置示意

左侧加设　　右侧加设

（a）在现有指路标志基础上增设的情况

（b）单独设立的情况

▲ 图 2-3　入口前预告标志设置形式

2. 入口处标志设置

对地下道路敞开段至洞口区域的所有标志进行调研，发现不同类型地下道路入口处标志设置要求不同，对于越江隧道、长距离地下道路等，入口处标志设置较为复杂，而下立交设置较为简单。

入口处标志包括入口确认标志、禁令标志、指示标志（车型指示、超限车分流指示）和警告标志（陡坡、急弯等）。主要存在问题为所有标志都集中设置在入口门架上，导致设置标志过多，信息量过大。图 2-4 所示为复兴东路隧道入口处标志设置。

▲ 图 2-4　复兴东路隧道入口处标志设置

3. 内部基本路段标志和标线设置

地下道路内部基本路段标志和标线设置比较简单，主要包括直行指示标志、禁令标志（以限速标志为主）、警告标志、振荡标线、轮廓标和积水禁行线等，如图 2-5 所示。

（a）直行指示标志（复兴东路隧道）　（b）禁令标志（复兴东路隧道）

（c）警告标志（西藏南路隧道）　（d）振荡标线（西藏南路隧道）

（e）轮廓标（外滩隧道）　（f）积水禁行线（邯郸路隧道）

▲ 图 2-5　内部基本路段标志和标线设置

通常采用 LED 主动发光材料，悬挂于道路上方。目前地下道路缺少对轮廓标、突起路标等标线的应用，隧道轮廓界限不够清晰，地面标线缺乏养护、不够清晰，可视性差。

4. 内部分合流段的标志和标线设置

地下道路分流出口标志采用分级预告形式，指路标志以 LED 自发光标志为主，黄色字体，与现行国家标准对标志色彩的规定不一致；且分流出口处标志版面不统一，不同隧道中其形式存在差异，如图 2-6 所示。

（a）外滩隧道分流端　　（b）邯郸路隧道分流端

▲ **图 2-6　内部分流出口处标志设置**

在合流端标志和标线设置方面，由于隧道内合流，驾驶人视线受到侧墙遮挡，影响行车安全。合流端标志和标线设置包括合流警告标志、减速振荡标线和弹性交通柱等，如图 2-7 所示。

（a）反光锥形路锥（陆家嘴地道）　　（b）隔离设施（外滩隧道）　　（c）减速振荡标线（西藏南路隧道）

▲ **图 2-7　内部合流端标线设置**

2.2.3　国外地下道路设置情况

1. 美国波士顿中央大道

美国波士顿中央大道由于地下道路部分直接与城市快速路相连接，所以入口预告标志较少，而洞口前标志设置比较简洁，以指路标志为主。如图 2-8 所示。

隧道内设置了出口预告指路标志、急转弯警告标志等，采用逆反射材料，视认性一般。沿线交通标志布置较为简洁，在急转弯和分合流处设置了相应警告标志，指路信息连续多级、简洁设置。如图 2-9 所示。

（a）隧道内指路标志

（b）隧道内合流标志

（c）急转弯警告标志

（d）分流处指路标志

▲ **图 2-8　美国波士顿中央大道隧道内交通标志**

2. 法国巴黎 A86 东线隧道

法国巴黎 A86 东线隧道长 10 km，采用单管双层形式，单向 2 车道，作为巴黎第二条绕城道路，巴黎 A86 东线隧道入洞口直接连接城市快速路，入口预告标志以及入口处标志设置都比较简洁。如图 2-10 所示。

隧道内交通标志较少，主要以逆反射材料为主。隧道内安全疏散、紧急救援、限速等标志设置得比较齐全，使用材料为主动发光形式。如图 2-11 所示。

3. 澳大利亚布里斯班南北地下道路

澳大利亚布里斯班南北地下道路全长约 5.2 km，设计车速 80 km/h。每个方向各设 2 条车道，车道宽 3.5 m，左侧路肩宽 1.5 m，右侧路肩宽 0.5 m，纵向净空为 4.9 m，可供大型车辆通行。

地下道路入口处将指路、限高和限速标志由远至近依次分别设置在距离洞口不同位置处。隧道内部标志设置齐全，其中，还间隔设置了提醒驾驶人安全驾驶的交通标志。如图 2-12 所示。

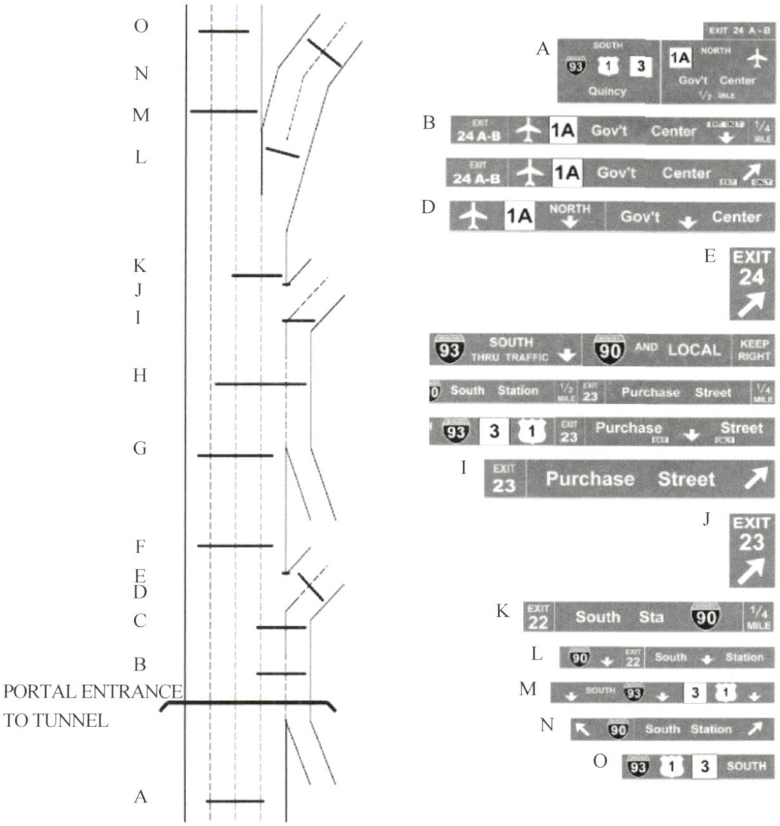

▲ 图 2-9　美国波士顿中央大道内出口预告标志设置

▲ 图 2-10　巴黎 A86 东线隧道入口处标志

（a）限速标志　　（b）隧道分流处标志　　（c）安全疏散标志

▲ 图 2-11　巴黎 A86 东线隧道内标志

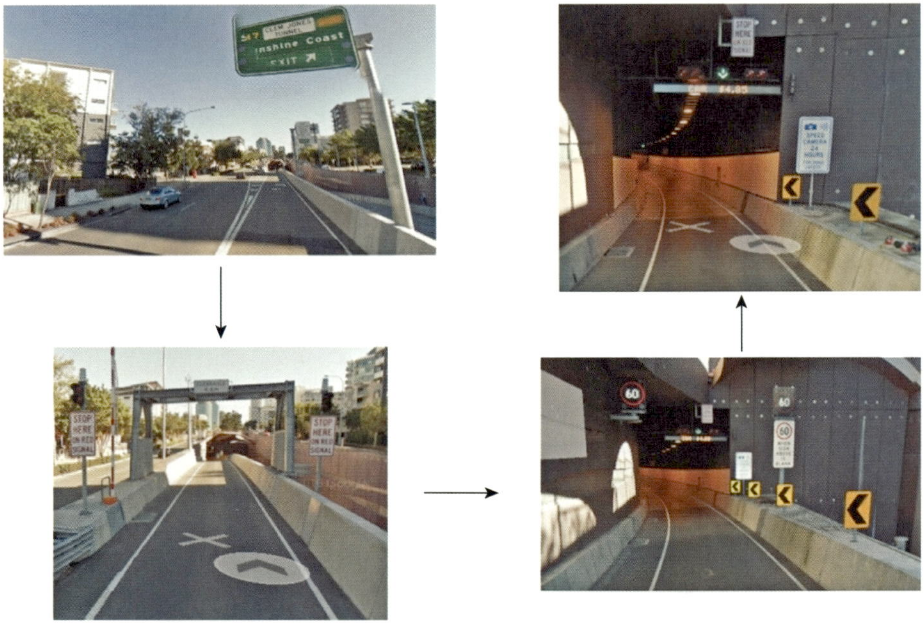

▲ 图 2-12　澳大利亚布里斯班地下道路入口处标志和标线

在急转弯和合流处设置了警告标志。隧道内标志基本采用主动发光标志，为面板式发光形式，黄底黑字，视认性好。分流口指路标志包括出口速度警告、出口位置信息等，设置信息简洁。如图 2-13 所示。

（a）合流处标志

（b）分流处标志

（c）急弯处标志

（d）保持车距标志

▲ 图 2-13　澳大利亚布里斯班地下道路内部标志

4. 西班牙马德里 M30 环线

西班牙马德里 M30 环线隧道在入口处标志设置较多，设置多个门架，进入隧道前一段区域内设置指路标志、限高标志和各种禁令标志。如图 2-14 所示。

▲ 图 2-14　西班牙马德里 M30 入口处标志

隧道内标志包括限速标志、指路标志和车道指示标志等，采用主动发光形式。其中，限速标志采用红色线圈、白底黑字，视认性好；指路标志采用蓝底白字，指路标志上信息内容设置较多，版面设计视认性较好。如图 2-15 所示。

(a) 隧道内指路标志

(b) 隧道内限速标志

(c) 隧道内紧急疏散标志

(d) 隧道内分流处标志

▲ **图 2-15　西班牙马德里 M30 环线隧道内标志**

5. 新加坡 KPE 地下高速公路

新加坡 KPE 地下高速公路入口处采用多级分级设置，如图 2-16 所示。隧道内一般路段的交通标志设置单一，以限速标志为主，标志设置相对简单。图 2-17 所示为分流处指路标志。

6. 澳大利亚悉尼中心城区地下道路

澳大利亚悉尼中心城区地下道路为多点进出系统性地下道路。安全和信息发布等采用可变信息标志，字体颜色为黄色。指路标志采用主动发光面板式标志，绿底白字，可视性好。出口设置多级分流口预告标志和分流出口确认标志，指路信息简洁明了。如图 2-18 所示。

▲ 图 2-16　新加坡 KPE 地下高速公路入口处标志

▲ 图 2-17　新加坡地下高速公路分流处指路标志

7. 日本东京中央环状线——新宿线

日本新宿线沿线是商业密集及高级住宅区，经过池袋、新宿、涩谷三大商业中心。新宿线的建设完善了东京高速骨干路网。基于对环境的保护，在城市用地资源的制约下，新宿线采用地下道路形式。第一期工程全长 6 km，于 2007 年竣工运营；第二期工程共计 11 km，于 2010 年开通。

新宿线作为多点进出系统性地下道路，从隧道入口至内部分流等全过程各

（a）限速标志

（b）安全提醒标志

（c）分流口预告标志

（d）分流口处告知标志

▲ 图 2-18　悉尼中心城区地下道路内部标志

阶段，在交通指引设置精细化方面做了大量工作，标志选用主动发光式材料，视认性好；同时版面设计因地制宜，部分路段采用异形断面形式，最大程度设置信息，提升识别效果，如图 2-19 所示。

▲ 图 2-19　日本新宿线地下道路交通标志版面

在入口段、分流段以及急弯陡坡段等重要路段，交通标志和标线一体化协调设置，起到了良好的安全预警和引导作用，如图 2-20 和图 2-21 所示。其中，对于地下出口预告引导，采用多级连续预告，版面清晰简洁，如图 2-22 所示。

▲ 图 2-20 入口段警告标志

▲ 图 2-21 减速标线与急弯警告

1.4 km

900 m

700 m

600 m

500 m

400 m

▲ 图 2-22 连续出口预告标志

在隧道内部还间隔设置动态可变信息标志，发布交通拥堵等动态交通信息，如图 2-23 所示。

▲ 图 2-23　隧道内部动态交通信息

3 城市地下道路交通标志视认性研究

3.1 概述

保障城市地下道路交通指引设置效果首先应该做好交通标志本体设计，其中，交通标志版面直接影响地下道路标志视认性，是标志本体的重要组成。交通标志版面主要设计参数包括字体高度、发光标志版面的亮度和均匀度等。

城市地下道路受净空限制，通常需要对交通标志版面进行压缩，现行国标规定，在隧道、桥梁等环境中需要压缩尺寸时，可以在现有国标基础上缩小至80%，但没有给出压缩的具体依据。地下道路交通标志一般采用光电式，视认性相对较好，而是否可以进一步压缩，或者压缩到多大比较合适，这方面的研究还较为缺乏。此外，对地下环境中主动发光标志版面的亮度、均匀度、对比度和色温等主要设置参数也缺乏研究，导致现在实践中主动发光标志的设置效果不佳。

在城市地下道路内部，驾驶人视觉特性与在一般地面道路中有很大区别，城市地下道路内标志设计需要以驾驶人的视觉特性为依据进行理论分析与实验研究。

本书从理论和模拟实验两方面入手，深入研究城市地下道路交通标志版面设计关键指标。首先针对光电式标志本身进行视认性及评估，包括对视认时间、信息识别率、有效信息获取率、识别及反应时间、信息识别正确率等进行实验评估，为标志版面尺寸压缩(字体高度)、光学性能等参数标准等做验证。然后通过实验得出了在地下环境中，不同设计速度的标志其汉字字体高度和发光标志版面的亮度、均匀度及对比度等交通标志版面的关键设计指标，为城市地下道路交通标志设计提供参考。

研究技术路线如图3-1所示。

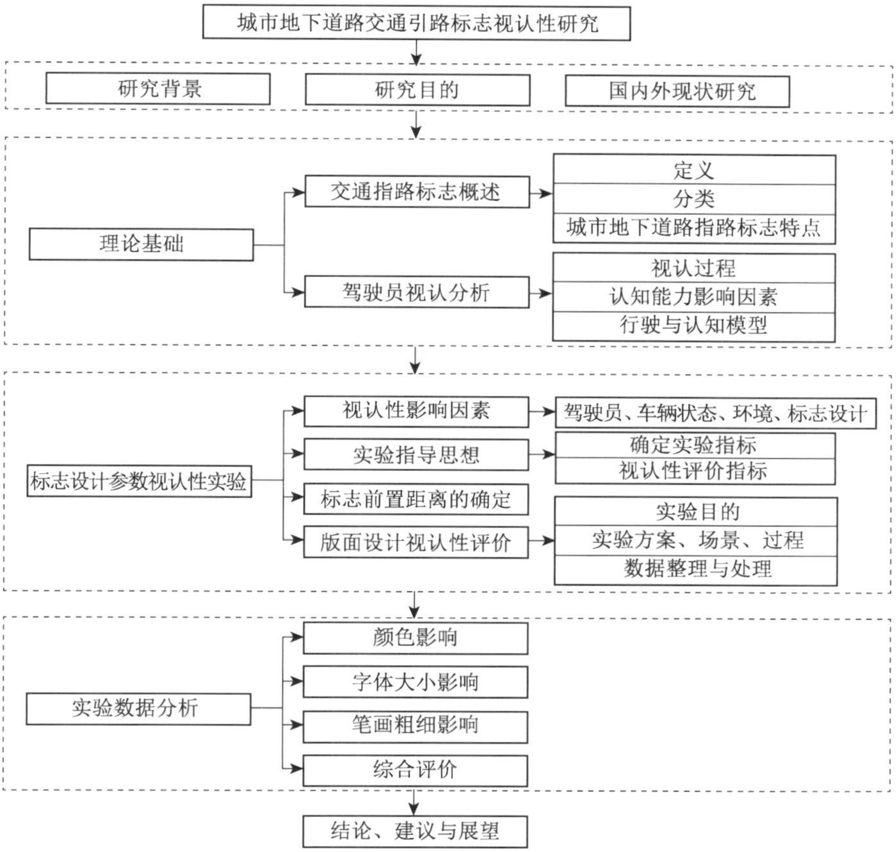

▲ 图 3-1　技术路线

3.2　交通标志视认性模拟实验

交通标志视认性是指驾驶人在有限时间内对指路标志的内容有正确认知并能理解的能力。驾驶人在驾驶过程中,需通过接收交通指路标志的信息,作出决策判断和相应的操作。为保证在高速行驶状态下驾驶人仍能顺利获取有用信息,需提高交通指路标志的视认性,在设置时将其前置一定距离,确保驾驶人有充足的时间进行操作。

驾驶行为受人、车、路、环境组成的系统共同影响，交通标志视认性也受驾驶人、车辆状态、环境和标志设计等多方面影响，应根据标志版面的文字颜色、字体大小和笔画粗细进行组合设计。

3.2.1 实验目的

将标志牌 4 种文字颜色、2 种字体大小以及 2 种字体粗细程度进行组合，共设置 24 种交通指路标志版面，以 60 km/h 设计车速进行实验，模拟地下道路驾驶状况。通过记录测试者发现标志、开始认读和认读完成的时间，计算出相应的视认距离等，比较各组合情况下的视认距离，可得出设计参数的适合取值。

3.2.2 实验方案设计

1. 实验设备

（1）秒表，用于计时。

（2）投影仪，用于视频播放。

2. 实验对象

每组实验选取 8 名测试人员，包括 4 名男性和 4 名女性，矫正视力均达到 0.8，实验时精神状态良好。

3. 实验场景

城市地下道路交通指路标志多采用自发光 LED 标志，为模拟发光标志效果，采用先制作标志牌再进行场景贴图的方式，以 1.2 m 为小汽车视点高，导出视频，以投影仪播放方式进行实验。

地下道路模拟长度 500 m，从一端起点处开始驾驶，标志设在距起点 300 m 处。以出口匝道预告标志为例，标志信息为匝道出口路名和距离，以北横通道江苏路出口为例，拟定距离出口处为 1 km，则标志牌内容由“江苏路”“向右箭头”和“1 km”组成。

此外，考虑到在长距离地下道路中单一的景观色调容易引起驾驶疲劳，且侧墙与地下道路顶部颜色一致时易造成错觉，本研究实验场景中添加了彩色侧墙，利用鲜亮的颜色提高测试者兴奋点，同时采用多种颜色组合分层的方式，蓝、白、黄条纹相间，且条纹宽度适中，更有层次感。以红色组为例，如图 3-2、图 3-3 所示。

▲ 图 3-2　红色标志牌

▲ 图 3-3　模拟场景

4. 实验过程

(1) 实验准备。将投影仪和秒表准备好,电脑连接投影仪进行视频播放,并将测试者的座位调整到合适位置。

在实验前,先让测试者了解实验过程,告知并解释清楚何时需按下秒表记录数据,并确认测试者正确理解规则,保证实验顺利进行。实验正式开始前,需由比较熟练的操作人员进行设备调试,确保设备正常工作。

由于实验场景较多,每名测试者需视认 24 个标志牌。考虑到心理惯性和视觉疲劳,应使测试者交错实验,降低心理因素的干扰。

(2) 正式实验。由一人播放实验视频,测试者坐在一定距离处观看大屏幕,记录相应时间,如图 3-4 所示。实验过程中,测试者如果感觉身体不适或者疲劳时应及时休息,稍后再继续实验。当记录数据有缺失或因视频卡顿等引起数据异常时,需重新测试。

▲ 图 3-4　模拟实验

3.2.3　实验数据处理

测试者在实验过程中,会经历发现标志、开始认读、认读完成、标志消失、开始行动和动作完成等过程。

将驾驶起点处的时间记为 0 s,以 60 km/h 速度行驶,当能看到标志轮廓并分辨出是交通标志时,记为发现标志点 A,此刻秒表时间记为 t_A;当能看清标志内容时,记为开始认读点 B,此刻秒表时间记为 t_B;当完全掌握标志内容时,记为认读完成点 C,此刻秒表时间记为 t_C。通过计算时间间隔,由已知速度可得出行驶距离。

认读距离:

$$R' = \frac{60 \times 1\,000}{3\,600} \times (t_C - t_B) \tag{3-1}$$

视认距离:

$$S = \frac{60 \times 1\,000}{3\,600} \times (300 - t_B) \tag{3-2}$$

每名测试者需对 24 个视频进行测试,8 名测试者共 192 组数据,每组数据包括 t_A,t_B,t_C 三个时间点。实验结束后对数据进行提取,并进行整理归纳,计算视认距离和认读距离。以某一实验对象为例,实验数据如表 3-1 所列。

表 3-1 实验数据

标志设计			t_A /s	t_B /s	t_C /s	认读距离/m	视认距离/m
小	粗	红	7.58	16.05	17.32	21.167	32.500
		白	6.44	16.66	18.01	22.500	22.333
		绿	6.57	16.72	17.66	15.667	21.333
		黄	8.85	16.91	17.97	17.667	18.167
小	细	红	6.32	15.9	18.04	35.667	35.000
		白	6.84	15.92	17.25	22.167	34.667
		绿	8.23	16.37	17.8	23.833	27.167
		黄	7.07	16.76	18.03	21.167	20.667
中	粗	红	5.11	15.73	17.06	22.167	37.833
		白	6.91	15.77	17.11	22.333	37.167
		绿	5.33	16.08	17.54	24.333	32.000
		黄	7.73	16.09	17.21	18.667	31.833
	细	红	3.61	15.49	17.14	27.500	41.833
		白	5.82	15.68	17.05	22.833	38.667
		绿	7.18	16.35	17.75	23.333	27.500
		黄	8.36	16.68	17.84	19.333	22.000
大	粗	红	6.25	14.28	16.98	45.000	62.000
		白	6.81	15.64	17.28	27.333	39.333
		绿	6.47	15.79	17.12	22.167	36.833

3.2.4 数据分析与结论

将数据整理成图表形式，如图 3-5—图 3-7 所示，根据室内模拟实验的结果显示，文字颜色方面视认性好坏程度为红>白>绿>黄。此外，字体越大则视认性越好，且在字体笔画较细时视认性更好。

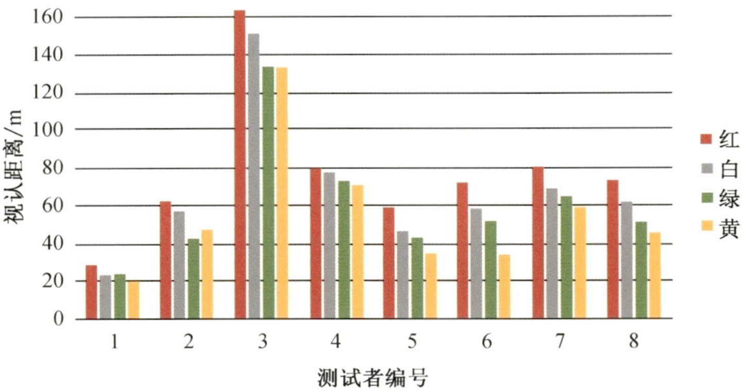

▲ 图 3-5　颜色比较

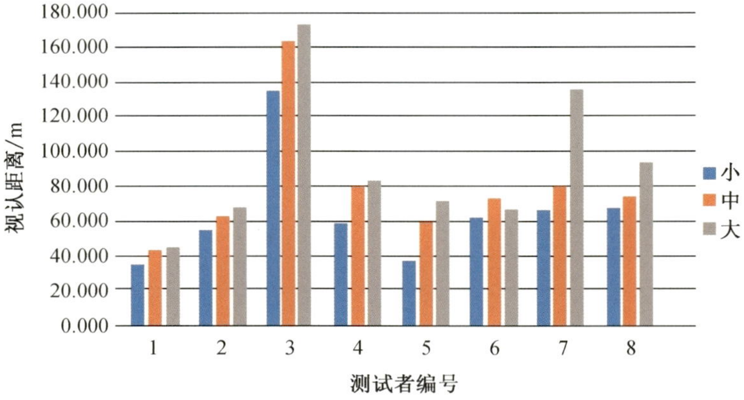

▲ 图 3-6　字体大小比较

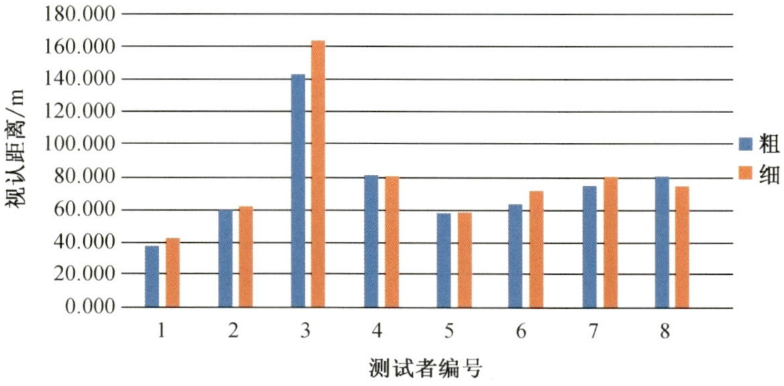

▲ 图 3-7　笔画粗细比较

3.3 交通标志视认性实车实验

3.3.1 标志版面方案设计

1. 字体

依据《城市道路交通标志和标线设置规范》(GB 51038—2015)要求,标志字体应采用黑体。

2. 字高

当城市地下道路环境中设计速度为 60 km/h 时,交通标志版面中的字高依照规范应取 35～50 cm;但实际车速可能小于 40 km/h,因此字高可考虑设计为 25～30 cm。此外,因限高净空等限制,需要缩小标志牌尺寸,实验中在现有国标基础上缩小至 80%,即最小字高为 20 cm,最终实验交通标志版面的字高分别取 20,25,30,35,40,45,50 cm,并对字高为 20,25,30,40,50 cm 的字体分别取高宽比 1∶1 和 1∶0.75 两种尺寸进行对比实验,其他字体高宽比均取 1∶1。

3. 字间距

汉字高度为 h,则字间距取 $(1/10)h$,汉字笔画粗细除当字高 20 cm 和 50 cm时分别取 $(1/14)h$ 和 $(1/10)h$ 两组对比外,其他均取较细值 $(1/14)h$,边缘距离为 $(2/5)h$。规范要求见表 3-2。

表 3-2 规范要求

其他文字		与汉字高度 h 的关系
英文、拼音或少数民族文字高	大写	$(1/2)h$
	小写	$(1/3)h$
阿拉伯数字	字高	h
	字宽	$(1/2)h \sim (4/5)h$
	笔画粗	$(1/6)h \sim (1/5)h$
公里符号高	k	$(1/2)h$
	m	$(2/5)h$

4. 测试标志版面设计方案

根据表 3-2，公里符号中 k 取 $(1/2)h$ 高，m 取 $(2/5)h$ 高；公里符号粗细若按数字粗细取则过粗，故按文字笔画粗细取值。阿拉伯数字的字高为 h，字宽取 $(1/2)h$；数字笔划粗细方面除字高 20 cm 和 50 cm 分别取 $(1/14)h$ 和 $(1/10)h$ 两组对比外，其他均取较细值 $(1/14)h$。箭头大小则同字高，标志内容指示前方 1 km 处右侧出口为西藏南路。版面颜色设计同一般道路指示标志，即蓝底白字。如图 3-8 所示。

▲ 图 3-8　测试标志牌

此外，考虑自发光标志牌有三种发光形式——点阵式、半透式和全透式，对字高 30 cm、高宽比 1∶1 和 1∶0.75 的两种方案均进行三种发光形式设计，其他组合设计则仅采用半透式。

具体测试标志版面的设计方案如表 3-3 所列。

表 3-3　测试标志版面设计方案

字高 h	字宽		汉字粗细		"k"字高	"m"字高	数字高	数字宽	数字粗细
	h	$0.75h$	$(1/10)h$	$(1/14)h$	$(1/2)h$	$(2/5)h$	h	$(1/2)h$	
20	20	15	2	1.5	10	5	20	10	与汉字粗细一致
25	25	19	—	2	12.5	10	25	12.5	
30	30	22.5	—	2	15	12	30	15	
35	35	—	—	2.5	17.5	14	35	17.5	
40	40	30	—	3	20	16	40	20	
45	45	—	—	3	22.5	18	45	22.5	
50	50	37.5	5	3.5	25	20	50	25	

3.3.2　校内路段实验

1. 实验目的

以校内实验路段为对象进行模拟实验，测试实车状况下各种标志的视认距离。

2. 实验方案设计

(1) 实验设备。

移动电源、秒表、小汽车、激光测距仪。

(2) 实验对象。

考虑性别、驾龄及年龄的影响,选取 9 男 9 女共 18 人。

(3) 实验场景。

实验地点选择同济大学嘉定校区,选取较为偏僻的校园道路,如图 3-9 所示,该路段车辆和行人均较少,且直线路段长度达 260 m,满足视认需求。为与地下道路环境更加贴近,实验定在夜间进行,如图 3-10 所示。

▲ 图 3-9　校内实验路段

▲ 图 3-10　校内实验场景

（4）实验过程。

实验准备：安装标志，定好起点，用激光测距仪测出起点到标志牌的总距离（图 3-11 和图 3-12）。将秒表准备好，并将小汽车停至起点后方一定距离，保证小汽车行驶到起点时的速度已达到 60 km/h。

▲ 图 3-11　安装标志

▲ 图 3-12　标志样图

在实验前，先让测试者了解实验过程，告知并解释清楚何时需按下秒表记录数据，并确认测试者正确理解规则，保证实验顺利进行。实验正式开始前，需由实验负责人进行预实验，确保实验过程正常，再由测试者进行正式实验。由于实验标志牌较多，每名测试者需视认 20 块，考虑到心理惯性和视觉疲劳，应使测试者交错实验，降低心理因素的干扰。

正式实验：由一人负责驾驶，确保小汽车到达起点前已加速至 60 km/h 并尽量保持该速度行驶，测试者坐在副驾座位上视认标志，记录相应时间。待所有测试者测试完毕后再进行下一块标志牌的视认实验，重复前述步骤。

3. 数据分析及结论

根据时间数据计算出视认距离，除去最大值和最小值，得到平均视认距离，表 3-4—表 3-7 所列为字高、发光形式、字体高宽比、笔画粗细对视认距离的影响。

表 3-4 字高对视认距离的影响

标志字体			亮度（字）	亮度（板）	对比度	视认距离/m	平均视认距离/m
字高/cm	高宽比	笔画粗细					
20	1∶1	细	154	0.80	192.5	70	70
25	1∶1	细	153.5	0.75	204.7	91	91
30	1∶1	细	150	1.1	136.4	98	99
35	1∶1	细	158	0.6	263.3	107	107
40	1∶1	细	155	0.46	337.0	116	117
45	1∶1	细	125	0.6	208.3	125	126
50	1∶1	细	130	0.6	216.7	144	145

表 3-5 发光形式对视认距离的影响

标志字体				亮度（字）	亮度（板）	对比度	视认距离/m	平均视认距离/m
字高/cm	高宽比	笔画粗细	发光形式					
30	1∶1	细	半透	150	1.1	136.4	98	99
30	1∶1	细	全透	140	10.3	13.6	101	103
30	1∶1	细	点阵	690	0.8	862.5	89	88

表 3-6　字体高宽比对视认距离的影响

标志字体			亮度（字）	亮度（板）	对比度	视认距离/m	平均视认距离/m
字高/cm	高宽比	笔画粗细					
20	1∶1	细	154	0.80	192.5	70	70
20	1∶0.75	细	170	0.46	369.6	58	59
25	1∶1	细	153.5	0.75	204.7	91	91
25	1∶0.75	细	230	0.5	460.0	84	84
30	1∶1	细	150	1.1	136.4	98	99
30	1∶0.75	细	170	0.6	283.3	70	69
40	1∶1	细	155	0.46	337.0	116	117
40	1∶0.75	细	168	0.768	218.8	110	111
50	1∶1	细	130	0.6	216.7	144	145
50	1∶0.75	细	147	0.35	420.0	127	131

表 3-7　笔画粗细对视认距离的影响

标志字体			亮度（字）	亮度（板）	对比度	视认距离/m	平均视认距离/m
字高/cm	高宽比	笔画粗细					
20	1∶1	细	154	0.8	192.5	70	70
20	1∶1	粗	160	0.7	228.6	67	67
20	1∶0.75	细	170	0.46	369.6	58	59
20	1∶0.75	粗	176	0.47	374.5	23	24
50	1∶1	细	130	0.6	216.7	144	145
50	1∶1	粗	176	0.8	220.0	135	134
50	1∶0.75	粗	139	0.47	295.7	131	133
50	1∶0.75	细	147	0.35	420.0	127	131

由上述数据分析可知，字高在 20～50 cm 范围内，字高越大，标志牌视认性越好；发光形式，全透式的视认性要好于半透式，点阵式最差；字体高宽比 1∶1

的视认性要好于 1∶0.75；字体笔画粗细则是细笔画的视认性要好于粗笔画，与室内模拟实验结果一致。

3.3.3 地下道路实车实验

1. 实验目的

由于受运营管理、场地和时间因素限制，实际地下道路实验不能对所有标志牌组合设计进行测试。本研究选取了部分标志牌进行了实际地下道路的视认性测试，并与校内实验路段结果进行了比较，从而证明校内实验的可行性。

2. 实验方案设计

(1) 实验设备。

移动电源、秒表、小汽车、激光测距仪、胶布、打印有数字编号的纸张、GoPro 等，如图 3-13 所示。

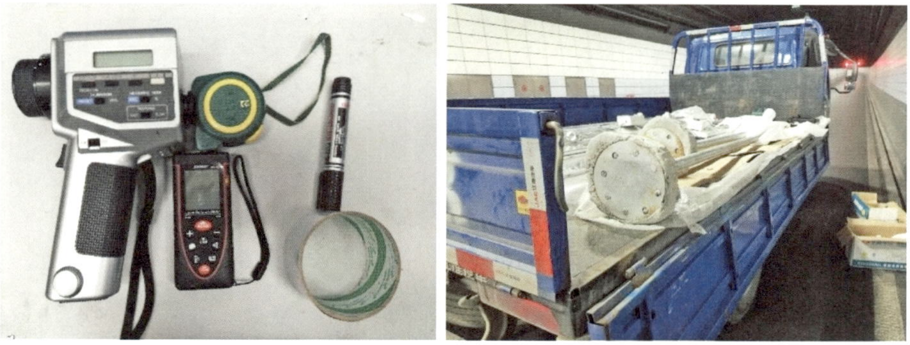

▲ 图 3-13 实验设备

(2) 实验对象。

与校内实验相同，考虑性别、驾龄及年龄的影响，选取 9 男 9 女共 18 人。

(3) 实验场景。

分别在西藏南路地下道路和上中路地下道路进行。

(4) 实验过程。

实验准备：确定放置点位后安装标志，并在地下道路侧墙上每隔 5 m 贴一张数据编号纸，用于测距，如图 3-14 所示。将秒表准备好，并将小汽车停至距起点至少 200 m 处。地下道路环境如图 3-15 所示。

▲ 图 3-14　数字编号

▲ 图 3-15　地下道路环境

在实验前，让测试者了解实验过程，告知并解释清楚何时需作出相应反应，并确认测试者正确理解规则，保证实验顺利进行。实验正式开始前，需由实验负责人进行预实验，确保实验过程正常，再由测试者开始实验。

由于地下道路实验时间有限，两次实验主要考虑字高对视认性的影响，共选择 4 块标志牌进行实验。

正式实验时(图 3-16)，测试者需坐在驾驶位置上，将小汽车迅速加速至 60 km/h并尽量保持该速度，副驾驶位置坐一名记录人员，当测试者看清标志内容时，通过声音提示记录人员记下地下道路侧墙的相应数字编号。待所有测试者测试完毕后再进行下一块标志牌的视认实验，重复前述步骤。

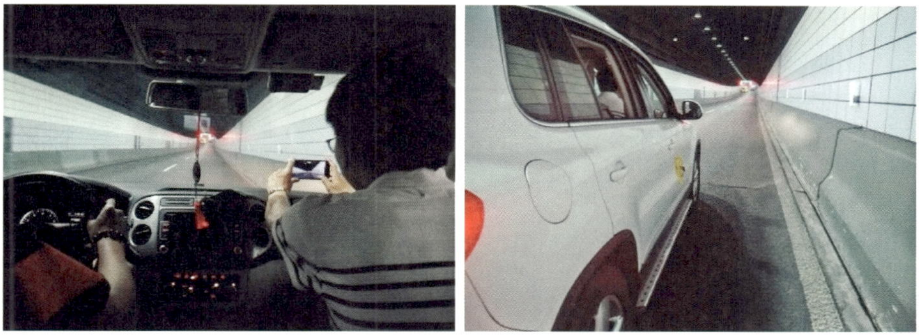

▲ 图 3-16　正式实验过程

3. 实验数据整理

地下道路实验数据经处理后整理如表 3-8 所列。

表 3-8　字高对视认距离的影响

标志字体			亮度(字)	亮度(板)	亮度(环境)	对比度	视认距离/m	平均视认距离/m
字高/cm	高宽比	笔画粗细						
20	1∶1	细	106.50	0.90	2.70	118.33	61.67	60.00
30	1∶1	细	288.00	1.05	2.15	274.29	99.17	97.50
35	1∶1	细	130.00	1.10	2.60	118.18	103.33	101.25
45	1∶1	细	110.00	0.80	2.40	137.50	144.17	138.75

4. 数据分析与结论

将校内实验与地下道路实验的结果对比如表 3-9 所列，二者结论一致，均表现为：字高越大，视认距离越长，即随着字高的增加，标志视认性变好。另外，校内实验结果与地下道路实验结果其平均视认距离相差基本在 10 m 内，可认为校内实验与地下道路环境实验规律较为一致,其结果具有参考意义。

表 3-9 校内及地下道路实验数据对比

标志字体			除去最大、最小值后的平均视认距离/m	
字高/cm	高宽比	笔画粗细	校内实验	地下道路实验
20	1∶1	细	70	60.00
30	1∶1	细	99	97.50
35	1∶1	细	107	101.25
45	1∶1	细	126	138.75

3.4 文字高度与车速之间的关系研究

3.4.1 驾驶人行驶与认知模型

通过交通工程学理论和交通工效学的相关知识来构建驾驶人的行驶与认知模型,如图 3-17 所示。

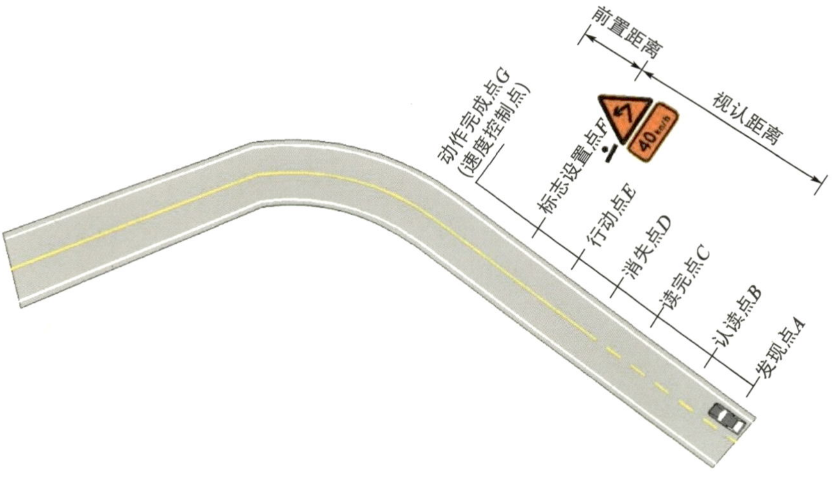

(a) 原始模型

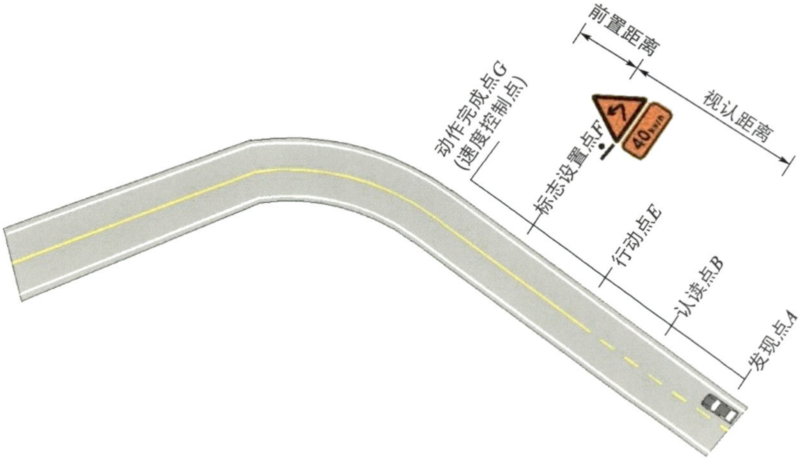

(b) 简化模型

▲ 图 3-17　驾驶人行驶与认知模型与简化模型

为保证驾驶人顺利视认标志信息并有效控制车辆，必须满足一个前提：应使驾驶人自发现并认读交通标志起至交通标志所关注的危险点(速度控制点)时间内，能够安全、平稳地将车速降低到标志所要求的数值，即认读点 B 到动作完成点 G 间的距离能够满足驾驶人从容地操控车辆减速到标志要求车速，这一过程可由式(3-3)表示：

$$视认距离\ S + 前置距离\ D = 减速距离\ L \tag{3-3}$$

则

$$视认距离\ S = 减速距离\ L - 前置距离\ D \tag{3-4}$$

当减速距离 L 和前置距离 D 满足行驶安全最小值时，视认距离 S 可以得到最小值。

3.4.2　最小视认距离的计算

1. 减速距离

1) 减速过程

根据驾驶人操作规律，驾驶人视认标志后，对车辆进行制动并最终在危险点前降低到所要求的速度，可分为制动准备阶段和制动阶段两部分，其减速度与时间的关系可通过图 3-18 所示曲线进行描述。

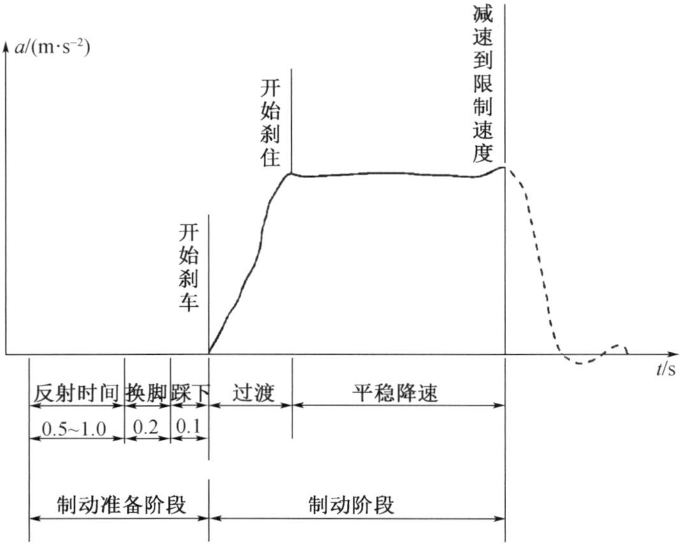

▲ 图 3-18　车辆减速度随时间变化关系

2）减速距离计算

（1）制动准备阶段。

制动准备阶段包括驾驶人反射时间、换脚时间和踩下制动踏板的时间。

根据交通工效学原理，驾驶人视认交通标志后，其反射时间为 0.5～1 s，考虑极限状态，取为 1 s。而换脚并踩下制动踏板的时间共需 0.3 s，这一阶段，驾驶人并没有对车辆进行制动，车辆为匀速运行状态，其运行距离如式(3-5)所示：

$$S_1 = v_0 \times 1.3 \tag{3-5}$$

式中，S_1 为匀速运行距离；v_0 为运行速度。

（2）制动阶段。

根据驾驶人操作特性，驾驶人在进行制动操作时是由两个阶段完成的。第一个阶段，驾驶人逐渐下压刹车踏板，使车辆在较短时间内达到较大的减速度，这一阶段往往被称为车辆制动过渡阶段；第二个阶段，驾驶人根据经验判断车辆减速度已经达到一个合适范围,因此保持刹车踏板不动,以匀减速方式平稳地将车速降低到标志要求的速度,这一阶段往往被称为平稳制动阶段。

① 制动过渡阶段。

这阶段由于制动力逐渐增加,其运动过程为变减速运动,减速度不断增加。车辆的减速度值由 0 增加到一个确定的减速度数值 a_0,此时速度由 v_0 减为 v_1。根据车辆工程学原理,这一减速度数值 a_0 与车辆的初速度呈线性关系,其关系模型用式(3-6)表示:

$$a_0 = 0.052\,4v_0 - 0.121\,5 \tag{3-6}$$

根据车辆工程学经验模型,车辆制动过渡阶段的时间一般为 0.3 s,且认为减速度服从线性变化,则制动过渡阶段末的速度可用式(3-7)表示:

$$v_1 = v_0 - \int_0^{0.3} \frac{0.052\,4v_0 - 0.121\,5}{0.3} t\,\mathrm{d}t \tag{3-7}$$

则制动过渡阶段的车辆运行距离为

$$S_2 = v_0 \times 0.3 - \int_0^{0.3} \frac{1}{2}\left(\frac{0.052\,4v_0 - 0.121\,5}{0.3}\right) t\,\mathrm{d}t \tag{3-8}$$

② 平稳制动阶段。

在这一阶段中,车辆自 v_1 以匀减速运动进行行驶,至速度控制标志规定的限速值 v_t 为止。则平稳制动阶段的车辆运行距离为

$$\begin{aligned} S_3 = \frac{v_t^2 - v_1^2}{2a_0} &= \frac{v_t^2 - \left(v_0 - \int_0^{0.3} \frac{0.052\,4v_0 - 0.121\,5}{0.3} t\,\mathrm{d}t\right)^2}{2a_0} \\ &= \frac{v_t^2 - \left(v_0 - \int_0^{0.3} \frac{0.052\,4v_0 - 0.121\,5}{0.3} t\,\mathrm{d}t\right)^2}{2(0.052\,4v_0 - 0.121\,5)} \end{aligned} \tag{3-9}$$

(3) 减速距离计算模型。

综合制动准备阶段和制动阶段的距离计算模型,驾驶人在视认速度控制类标志后,车辆减速距离模型为

$$S = S_1 + S_2 + S_3 = v_0 \times 1.3 + v_0 \times 0.3 - \int_0^{0.3} \frac{1}{2}\left(\frac{0.052\,4v_0 - 0.121\,5}{0.3}\right) t\,\mathrm{d}t + \frac{v_t^2 - \left(v_0 - \int_0^{0.3} \frac{0.052\,4v_0 - 0.121\,5}{0.3} t\,\mathrm{d}t\right)^2}{2(0.052\,4v_0 - 0.121\,5)} \tag{3-10}$$

由式(3-10)可计算车辆由正常运行速度下降到预期速度的减速距离，见表3-10。

表3-10　减速距离　　单位：m

行车速度/(km·h⁻¹)	降低到下列速度/(km·h⁻¹)							
	40	50	60	70	80	90	100	110
60	127	—	—	—	—	—	—	—
70	170	131	—	—	—	—	—	—
80	210	176	136	—	—	—	—	—
90	247	218	182	140	—	—	—	—
100	283	257	225	188	144	—	—	—
110	318	295	266	232	193	149	—	—
120	352	331	305	274	238	198	153	—

一般情况下，城市地下道路匝道限速为40 km/h。当车速小于80 km/h时，驾驶员车速减为原车速一半；当车速大于80 km/h时，车速减到40 km/h。在城市地下道路匝道限速下选取行车速度和减速后速度，应用上述减速距离计算模型，计算结果如表3-11所列。

表3-11　减速距离结果

行车速度/(km·h⁻¹)	减速距离/m	行车速度/(km·h⁻¹)	减速距离/m
20	76	70	186
30	94	80	209
40	113	90	247
50	139	100	283
60	162		

2. 前置距离

《道路交通标志和标线 第2部分：道路交通标志》(GB 5768.2—2009)提出了不同限速路段交通警告标志的前置距离要求，见表3-12。

表3-12 警告标志前置距离一般值 单位：m

行车速度/(km·h^{-1})	减速到下列速度/(km·h^{-1})							
	10	20	30	40	50	60	70	80
40	—	—	—	—	—	—	—	—
50	—	—	—	—	—	—	—	—
60	—	—	—	—	—	—	—	—
70	40	30	—	—	—	—	—	—
80	60	55	50	40	30	—	—	—
90	90	80	70	60	40	—	—	—
100	120	115	110	100	90	70	60	40

认为驾驶人进入匝道的速度为主线行驶速度的一半，则不同设计速度下的前置距离不同，最小前置距离为30 m。

3. 最小视认距离

根据式(3-4)，在已知减速距离和前置距离的条件下，得到最小视认距离的计算结果，见表3-13。

表3-13 最小视认距离计算结果

行车速度/(km·h^{-1})	减速距离/m	前置距离/m	最小视认距离/m
20	76	30	46
30	94	30	64
40	113	30	83
50	139	30	109
60	162	30	132
70	186	30	156
80	209	40	169
90	247	60	187
100	283	100	183

3.4.3 标志牌前置距离和汉字高度优化

（1）根据理论，计算所得最小视认距离如表 3-14 所列。

表 3-14 理论计算最小视认距离

速度/($km \cdot h^{-1}$)	最小视认距离/m	速度/($km \cdot h^{-1}$)	最小视认距离/m
20	46	70	156
30	64	80	169
40	83	90	187
50	109	100	183
60	132		

（2）实验所得，在 60 km/h 的设计车速下，不同汉字高度对应的视认距离如表 3-15 所列。

表 3-15 实验所得不同字高对应视认距离

字体			视认距离/m
字高/cm	高度比	笔画粗细	
20	1∶1	细	70
25	1∶1	细	91
30	1∶1	细	99
35	1∶1	细	107
40	1∶1	细	117
45	1∶1	细	126
50	1∶1	细	145

（3）理论计算值与实验值对比。

① 通过理论计算值与实验值进行对比，当车速大于 60 km/h 时，字高选取《城市道路交通标志和标线设置规范》(GB 51038—2015)规定字高的 80%，则 30 m 的前置距离很难满足要求，需要增加前置距离。

表 3-16 为不设前置距离时不同设计车速对应的汉字高度。

表 3-16　不设前置距离时不同设计车速对应的汉字高度

速度/($km \cdot h^{-1}$)	最小视认距离/m	适合的汉字高度/cm
20	46	20
30	64	20
40	83	25
50	109	35
60	132	45
70	156	50(视认距离增加)
80	169	50(视认距离增加)
90	187	50(视认距离增加)
100	183	50(视认距离增加)

② 考虑增加前置距离后,不同设计车速对应的视认距离和前置距离如表 3-17 所列。

表 3-17　增加前置距离后不同车速对应的汉字高度

速度/($km \cdot h^{-1}$)	减速距离/m	前置距离/m	最小视认距离/m	适合的汉字高度/cm
20	76	30	46	20
30	94	30	64	20
40	113	30	83	25
50	139	30/40	109/99	30/35
60	162	40/50	122/115	40/45
70	186	60	126	45
80	209	60/80	149/129	45/50
90	247	100	145	50
100	283	140	143	50

在表 3-17 中筛选现行规范所列地下城市道路设计速度及其对应的汉字高度、前置距离如表 3-18 所列。

表 3-18 地下城市道路设计车速及对应的汉字高度

设计速度/(km·h^{-1})	100	80	60，50，40	30，20
汉字高度/m	0.50	0.50，0.45	0.45，0.40，0.35	0.20
前置距离/m	100～140	60～80	30～50	30

(4) 现行规范对设计车速和对应汉字高度的规定如表 3-19 所列。

表 3-19 一般道路设计车速及对应的汉字高度

设计速度/(km·h^{-1})	100	80	60，50，40	30，20
汉字高度/m	0.65，0.60	0.60，0.55，0.50	0.50，0.45，0.40，0.35	0.30，0.25

通过对比一般道路规范，可以发现：

① 当车速小于 60 km/h 时，城市地下道路指引标志在保证 30 m 前置距离情况下，汉字高度最小可设置为城市一般道路汉字高度 80%。

② 当车速大于等于 60 km/h 时，考虑地下道路空间限制，城市地下道路指引标志需要通过增加前置距离，才能缩小字高，使其满足一般城市道路设计字高 80%的要求。建议通过增加前置距离来达到缩小字高的要求。

3.5 发光标志亮度、色温和对比度研究

3.5.1 主动发光标志亮度测定

本部分成果借助《城市地下道路交通标志和标线设置标准》(T/CECS—2019)参编单位南京赛康提供的相关实验过程和主要结论。

(1) 考虑到交通标志使用环境差异，实验场地分为城市道路有光路段、一般道路无光路段两组进行。

(2) 两组实验采用同一块主动发光标志，发光亮度可调节。

(3) 实验中车速控制。实验主要是在以上两种交通运行环境下，保证主动发光标志的视认距离前提下，对主动发光标志亮度值进行检测，确定一个适合的亮度值。城市道路指路标志实验组的实验车速控制在 60 km/h。一般无光

道路实验车速控制在 40 km/h。

（4）各实验组的记录数据包括：①测试者有效视认距离；②每组实验主动发光标志亮度值。

实验过程中，当测试者看清内容并说出相关信息后，数据采集设备会记录声音发出的时间和位置，作为测试者有效视认点。同时数据采集人员也会填写实验记录表格，记录测试者编号和标志内容等信息。

对主动发光标志不同亮度的视认效果进行分析，对于城市道路有光路段，半透式 LED 主动发光标志在保证视认距离的情况下，亮度值为 300～350 mcd 时的视认性最好；对于一般道路无光路段，其亮度值为 200～250 mcd 时的视认性最好。

3.5.2 主动发光标志色温测定

1. 基于计算机模拟隧道光环境的障碍物视认实验

通过照明软件 DIALux 模拟了隧道内动态行车实验，研究了小目标物体的视认性。通过行车视频，进行了小目标物体可见度实验，并采用问卷调查法，对不同色温的 LED 光环境和高压钠灯光环境进行分析与评价。

LED 灯通过史福特照明公司提供的照明插件导入，设置其色温分别为 3 000 K，3 500 K，4 000 K，4 500 K，5 000 K，5 500 K，6 000 K，功率均为 120 W，模拟仿真如图 3-19 所示。

▲ 图 3-19 实验选定的障碍物

2. 障碍物视认距离与光源色温的关系

根据实验步骤进行小目标物体视认性实验,实验结果如表 3-19—表 3-21 所列。

表 3-19　3 000 K 暖光条件下视认距离统计

被试者编号	视认距离/m			
	开口向上	开口向下	开口向左	开口向右
1	9.3	11.9	11.2	8.7
2	5.4	8.4	11.5	10.4
3	10.3	7	7.4	7.5
4	7.1	6.8	6.5	8.5
5	10.6	9.9	9.8	10.2
6	9.3	10	8.6	9
7	8.3	7.9	8.2	8.5
8	6.5	6	4.7	4.8
9	5.5	5	4.7	4.2
10	9.6	7.4	8.4	6.5
11	7.2	5.9	5.8	4.2
12	3.5	7.8	6.8	7.4
13	9.9	8.5	10.5	9.6
14	9	8.4	6.7	10.5
15	8.3	10.4	10	10.5
16	8.4	10.5	8.4	9.1
17	3	2.5	2.3	2.6
18	2.6	2.4	3.4	2.9
19	7.4	7.2	6.2	8.3
20	7.1	6.3	6.2	6.4
平均值	7.42	7.51	7.37	7.49

表 3-20 4 500 K 中性光条件下视认距离统计

被试者编号	视认距离/m			
	开口向上	开口向下	开口向左	开口向右
1	10.2	13.1	14.6	12
2	9.5	9.7	7.6	11.8
3	12	8.7	7.5	10.9
4	6.9	6.1	8.7	8.8
5	11.3	9.2	10.5	10.1
6	11.2	10.2	9.1	9.3
7	9.4	9.6	9.7	9
8	4.2	9.6	8.2	9.4
9	5.3	6.3	3.3	6
10	7.9	7	8.2	8.7
11	4	7.3	3.5	5
12	6.4	10	11.3	7.7
13	11.6	11.5	9.4	11.1
14	9.3	9.7	9.6	10.2
15	9	9.6	10	11.2
16	10.3	8.8	9.3	9.5
17	2.5	3.5	3.3	3.2
18	2.7	3.1	3.3	3.2
19	9.9	8.7	7.2	10.1
20	6.8	7.7	5.3	6.3
平均值	8.02	8.47	7.98	8.68

表 3-21 6 000 K 白光条件下视认距离统计

被试者编号	视认距离/m			
	开口向上	开口向下	开口向左	开口向右
1	6.1	10.4	13.1	10.8
2	5.3	8.6	8.4	7.9

（续表）

被试者编号	视认距离/m			
	开口向上	开口向下	开口向左	开口向右
3	7.2	6.2	6.7	7.4
4	6.4	6.5	5.9	6.6
5	8.2	6.7	7.5	7.5
6	5.9	9.3	8.7	8.6
7	9.3	9.4	8.5	9.8
8	9.7	7.7	11.9	11.7
9	6.2	5.9	5.6	4.6
10	11.1	7	8.2	12
11	7.7	4.3	8.7	6.7
12	7.9	8.3	7.7	9.2
13	11.5	10.8	9.6	11.1
14	8.1	10	9.1	7.9
15	10.3	8.4	10.8	10.9
16	9.3	9	8.3	8.7
17	2.3	2.2	3.5	2.4
18	2.3	2.7	2.7	2.4
19	8.1	9.1	8.3	7.8
20	9	5.9	5.8	6
平均值	7.60	7.42	7.95	8.00

由以上三表可知，3 000 K，4 500 K，6 000 K 的 LED 灯对于 1×3 的朗道尔环最小视认距离分别为 7.37 m，7.89 m，7.42 m，换算成 18 cm×18 cm×18 cm 的标准障碍物，视认距离分别为 294 m，315 m，297 m。

设定车速为80 km/h，障碍物摆放位置距起点 250 m，根据每种色温 LED 灯对应的发现障碍物时间，可以计算得到各色温下的平均视认距离，如表 3-22 所示。实验结果表明，三种色温的 LED 灯源对典型障碍物的视认距离均满足规范要求，色温为 4 500 K 时的视认距离略大于 3 000 K 和 6 000 K 时。当色温在 4 200～5 500 K 范围内，驾驶人可以保持视认距离在 100 m 以上，较为安全。

表 3-22 各色温 LED 灯下对应的障碍物视认距离

LED 灯色温	3 000 K	3 500 K	4 000 K	4 500 K	5 000 K	5 500 K	6 000 K
观测时间/s	7.28	6.92	6.68	6.53	6.57	6.64	6.73
行驶路程/m	161.8	153.7	148.4	141.1	146	147.6	149.6
视认距离/m	88.2	96.3	101.6	108.9	104	102.4	100.4

由图 3-20 可以看出，在色温为 4 500 K 的 LED 灯隧道光环境下，障碍物的视认距离最远，为 108.9 m；当色温为 4 000 K，5 000 K，5 500 K 和 6 000 K 时，障碍物的视认距离基本上都大于 100 m；当色温为 3 500 K 时，障碍物的视认距离为 96 m，仍能满足规范要求；当色温为 3 000 K 时，障碍物的视认距离为 88 m，小于规范中要求的 90 m。因此，在隧道环境中，色温为 4 500 K 的 LED 灯比其他色温的 LED 灯照明效果都要好。

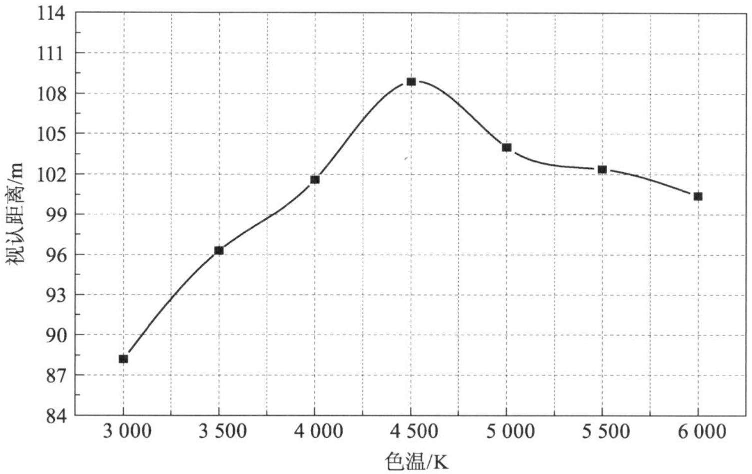

▲ 图 3-20 各色温 LED 灯下对应障碍物视认距离曲线

2. 障碍物视认时间与 LED 光源色温关系

根据实验步骤进行实验，得到表 3-23 所列的实验数据。

表 3-23 LED 灯视频观测数据统计

编号	发现障碍物所需时间/s						
	3 000 K	3 500 K	4 000 K	4 500 K	5 000 K	5 500 K	6 000 K
1	6.60	6.83	5.77	5.30	5.57	5.68	6.31
2	7.80	7.66	7.37	6.06	7.41	7.15	6.76
3	7.08	6.34	5.88	5.67	5.56	5.48	6.03
4	6.90	6.30	5.83	6.58	6.47	5.89	6.99
5	6.57	6.52	6.38	5.93	5.74	6.37	5.47
6	8.01	7.05	7.69	7.71	7.62	7.46	6.94
7	8.08	8.03	7.75	7.52	8.81	8.14	8.90
8	7.22	6.59	6.77	6.01	5.39	6.96	6.44

对表 3-23 的数据进行分析，计算各色温 LED 环境下所有测试者观测发现障碍物的平均时间，结果如图 3-21 所示。从图中可以明显看出，色温为4 500 K时，测试者发现障碍物所需的时间最短，色温太小或太大都不利于测试者发现障碍物。

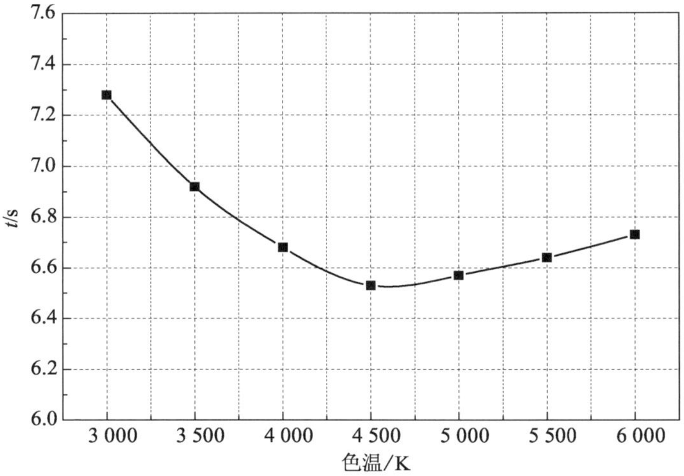

▲ 图 3-21 各色温 LED 灯下发现障碍物的平均时间曲线

3.5.3　LED主动发光标志对比度测定

1. 交通标志亮度与环境亮度的对比度

对于自发光式交通标志，其所处的环境亮度是决定其发光亮度的关键因素。在低亮的背景环境中，较暗的自发光式交通标志视认性更佳；在高亮环境中，如高速公路隧道环境中，需要高亮的自发光式交通标志与之适应。市区、郊区或乡村等不同环境对交通标志的醒目程度、发现时间和认读时间都会产生影响。根据国外学者对照明效果与最大亮度比之间的关系的研究结果来看，如果把被照对象的照明效果强调出来，则环境亮度与被照对象的最大亮度比例为1∶5；如果需要重点强调，则环境亮度与被照对象之间的最大亮度比例为1∶10。

照明效果和环境亮度与被照对象最大亮度比例的关系如表3-24所列，交通标志亮度与环境亮度的比例至少为5∶1。

表3-24　照明效果和环境亮度与被照对象的最大亮度比例

照明效果	与环境融合	轻微强调	强调	重点强调
最大亮度比例	1∶2	1∶3	1∶5	1∶10

2. LED主动发光标志均匀性

《LED主动发光道路交通标志》(GB/T 31446—2015)中规定：标志主动发光单元发光应均匀，在额定工作电流时整个标志范围内相同颜色主动发光单元像素之间的法向发光强度的不均匀度应不大于10%。

所以地下城市道路中的LED主动发光标志均匀度仍遵循此规范，不均匀度不大于10%。

4 城市地下道路交通标志和标线设置标准研究

4.1 城市地下道路交通标志和标线分类

4.1.1 按显示方式分类

城市地下道路交通标志按显示方式分类，可分为逆反射式、照明式和主动发光式三种。主动发光标志按发光方式可分为点阵显示和面板显示；面板显示主动发光标志按照信息显示形式又可分为全透显示和半透显示。

主动发光交通标志是指面板采用内部主动发光源显示信息的交通标志。

点阵显示主动发光标志是以连续的 LED 像素点构成标志图案、文字、轮廓，显示标志信息的交通标志。

面板显示主动发光标志是指将光源板布置于标志体内，光源向粘贴于标志面板的可透光型逆反射材料背面定向投射匀光，显示标志信息的交通标志。

在国内外已运营的地下道路中，照明式或主动发光式标志都有应用。欧美等国地下道路交通标志大多采用照明式，依靠外置光源或内部照明。我国城市地下道路标志一般都采用主动发光式标志。

全透式显示是指标志的图形、符号、颜色等全部信息均透光的交通标志，半透式显示是指仅标志的文字笔画、图形轮廓等透光的交通标志，如图 4-1 所示。

(a) 点阵显示

(b) 全透式面板显示

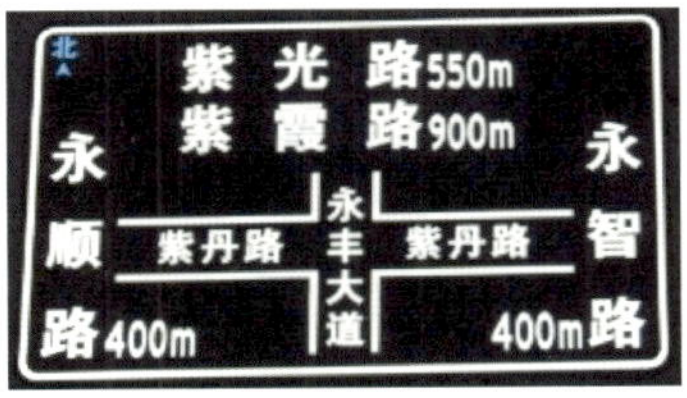

(c) 半透式面板显示

▲ 图 4-1 不同材料主动发光标志

4.1.2 按结构支撑方式分类

城市地下道路交通标志支撑形式根据交通量、服务车型、沿线路侧环境、车道规模以及所承载的版面信息内容大小等综合确定。《城市道路交通标志和标线设置规范》(GB 51038—2015)将交通标志的支撑方式分为柱式、悬臂式、门架式及附着式等四类。除上述四种类型外,城市地下道路大多采用悬挂于顶部的形式,如图 4-2 所示。这种设置方式与上述四种类型的结构具有显著差异,不属于上述任何一种类型。门架式一般是指固定在框架内或支撑杆之间的设置方式,其特征是在框架结构上设置标志;而附着式一般是指标志背面直接固定在物体上的设置方式,特点是标志背面与物体直接依附固定。

▲ 图 4-2　城市地下道路悬挂式标志

公共建筑室内的行人导向标志系统中采用悬挂形式较多,《公共信息导向系统设置原则与要求》(GB/T 15566)将这种支撑形式称为“悬挂式”,即与建筑物顶部或墙壁连接固定的悬空设置方式。城市地下道路内悬挂形式与此相似,也可称为“悬挂式”,可作为现行国家标准规定的四种交通标志支撑方式之外的第五种类型。悬挂式标志净空高度与建筑限界之间一般应保留 20～50 cm 的余量。

4.2 城市地下道路交通标志和标线设置基本规定

4.2.1 交通标志基本规定

城市地下道路应采用电光源式交通标志,应设置在驾驶人员最易看到、并能准确判读的醒目位置，应避免侧墙等对标志的遮挡，并应保证交通标志的视认距离。

城市地下道路交通标志的动态视认距离不应小于 210 m，静态视认距离不应小于 250 m，设置应合理布局，不得出现信息不足或过载现象，信息应连续，重要信息宜重复显示。具体还应符合下列要求：

(1) 城市地下道路可变信息标志、标志的字高等尺寸可根据道路内空间状况作适当调整。

(2) 城市地下道路交通标志不得侵入道路建筑限界。

(3) 城市地下道路宜从交通标志点位布置、连续的出入口编码、精细化的标志版面等方面，建立层次分明、引导高效的交通指引系统。

(4) 城市地下道路交通电光源式交通标志设计应选择体薄量轻、便于悬挂、亮度衰减慢、具备光衰补偿功能的产品。

(5) 交通标志指示内容较多时，可采用异形标志，也可将内容分设于前后多块标志。

(6) 交通标志设置不应对照明、通风、监控等设施功能产生影响。

4.2.2 交通标线基本规定

城市地下道路交通标线应由施划或安装于城市地下道路的各种线条、箭头、文字、图案、立面标记、凸起路标和轮廓标等交通安全设施所构成。城市地下道路标线在满足行车安全的情况下，涂料宜优选防污性能好、节能环保型材料。并应符合下列要求：

(1) 交通标线的形式、颜色应符合《道路交通标志和标线 第 3 部分：道路交通标线》(GB 5768.3—2009)及《城市道路交通标志和标线设置规范》(GB 51038—2015)的有关规定。

(2) 城市地下道路的出入洞口交通标线宜铺装防滑材料，地下道路内部车道边缘线宜采用振荡标线。在地下道路内部车道边缘线的外侧应设置凸起路标；在地下道路出入口车道边缘线的外侧宜设置凸起路标。

(3) 交通标线材料应符合的要求。

① 城市地下道路应采用反光标线，新施划白色反光标线的亮度因数应大于或等于 0.35，黄色反光标线的亮度因数应大于或等于 0.27。

② 新施划标线的初始逆反射亮度系数应符合《新划路面标线初始逆反射亮度系数及测试方法》(GB/T 21383—2008)的有关规定，白色反光标线的逆反射亮度系数不应低于 150 mcd · m^{-2} · lx^{-1}，黄色反光标线的逆反射亮度系数不应低于 100 mcd · m^{-2} · lx^{-1}。

③ 城市地下道路标线应使用抗滑材料，抗滑值不应小于 45 BPN，在地下道路分合流出入口、洞口等路段，抗滑值不应小于 60 BPN。

4.3 交通标志版面与材料

4.3.1 版面形式要求

城市地下道路指路标志版面可根据内部空间和横断面特点，因地制宜，合理布置。受净空因素影响，一般采用悬挂式的扁平版面。城市地下道路标志颜色应符合《城市道路交通标志和标线设置规范》(GB 51038—2015)的相关规定。城市地下道路标志颜色宜与背景光环境有一定差异。地下车库联络道对地下车库与城市道路出口引导的指路标志可适度作颜色区分。

位于地下道路不同位置的交通标志版面形式一般应符合下列规定：

(1) 扁平式版面信息排布，字符间距宜为汉字高度（h）的 0.1～0.2 倍，标志边框宽度宜为 $0.1h$，字符距标志边框的最小距离宜为 $0.15h$，如图 4-3 所示。当条件受限时，版面信息排布可取消字符与上下标志边缘的距离，如图 4-4 所示。

(2) 在内部分流鼻端部，受空间场地制约，设置的分流指路标志版面信息一般采用竖向布置形式，如图 4-5 所示。

(3) 对于特殊情况，当地下道路净高受限时，交通标志可根据隧道顶部形状设计为异形版面，如图 4-6 所示。

4.3.2 版面尺寸要求

城市地下道路交通标志版面尺寸应符合《道路交通标志和标线》(GB 5768)的有关规定，当地下道路净高受限时，标志版面内容及字高可在现行标准规定

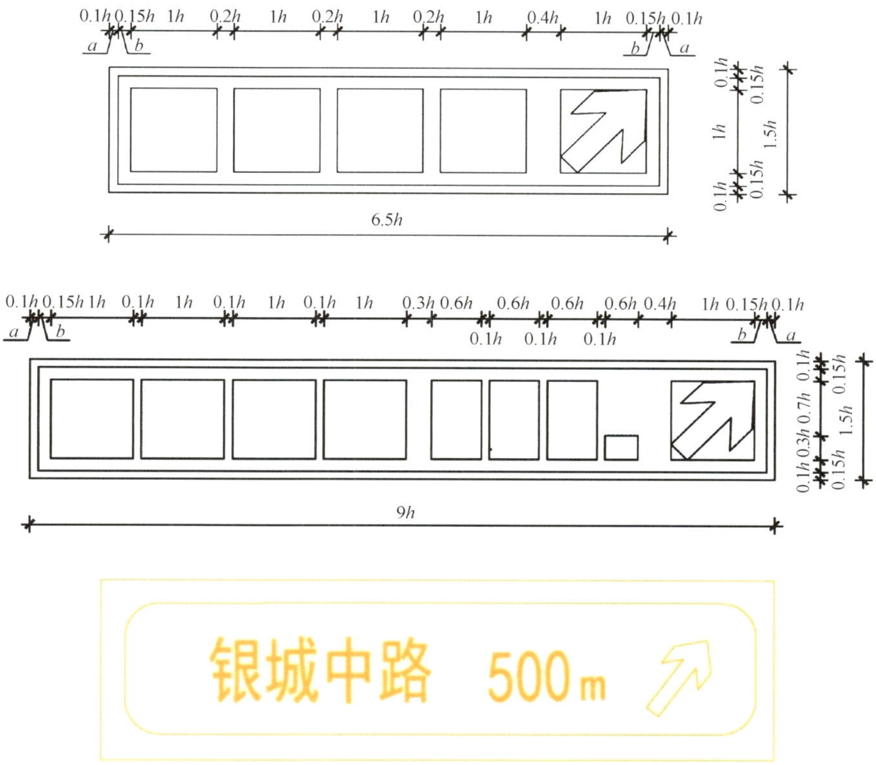

h—汉字高度；a—标志边框宽度；b—字符距标志边框距离

▲ 图 4-3　预留标志边缘距离的交通标志版面示意

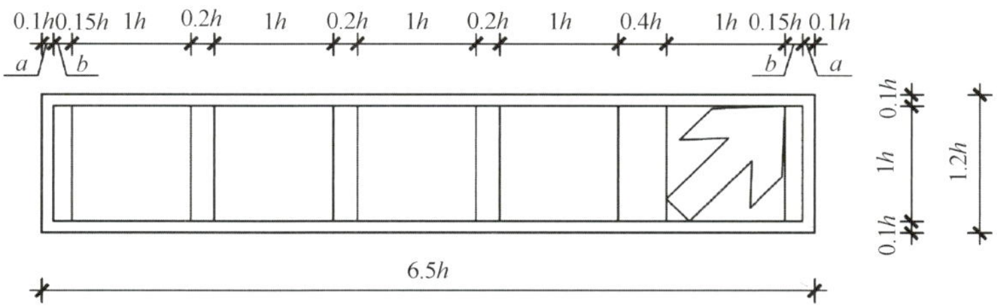

h—汉字高度；a—标志边框宽度；b—字符距标志边框距离

▲ 图 4-4　不预留标志边缘距离的交通标志版面示意

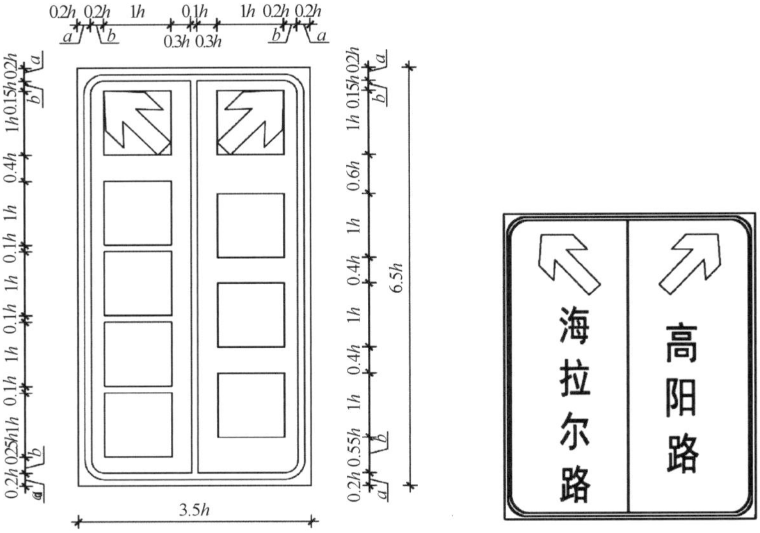

h—字符高度；a—标志边框宽度；b—字符距标志边框距离

▲ 图 4-5　地下道路内部交通标志竖向版面示意

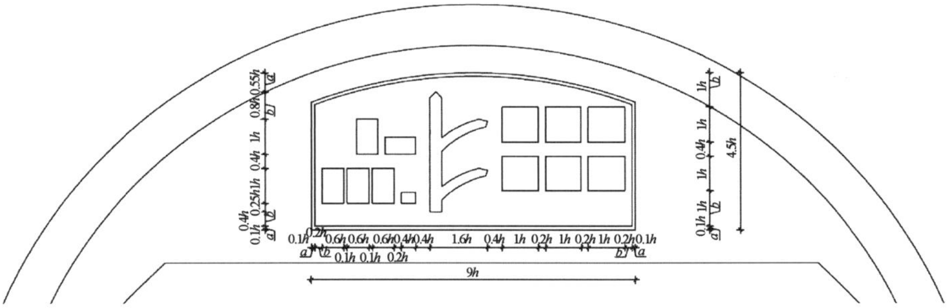

h—字符高度；a—标志边框宽度；b—字符距标志边框距离

▲ 图 4-6　地下道路内部交通标志异形版面示意

的基础上作适当调整。本书第 3 章已对地下道路发光标志的视认性进行专题研究，对不同设计速度下的字体高度进行了统计分析，给出了相关结论，验证了在现行国标基础上缩小至 80%具有一定的可行性，能够满足视认性要求。

城市地下道路指路标志版面字符大小应根据设计速度按第 3 章表 3-19 选取，也可根据路段运行速度（V_{85}）进行调整，当条件受限时，可进一步缩小标志版面尺寸、适当减小文字高度，但最小高度不应小于正常高度的80%。采用主动发光交通标志时，可采用表3-19中规定的下限值。

指路标志的版面尺寸应与字符数量、图形符号、其他文字和版面美化等因素相协调；版面设计时，其他文字与汉字高度关系宜符合相关国标的规定，文字间距、行距等宜符合表4-1的规定。

▲ 图4-7　地下道路内部交通标志异形版面效果

表4-1　文字间距、行距等的规定

文字设置	与汉字高度（h）关系
字间距	$(1/10)h$
笔画粗细	$(1/14)h \sim (1/10)h$
字行距	$(1/5)h \sim (1/3)h$
距标志边缘最小距离	$(2/5)h$

城市地下道路交通标志汉字字体应采用交通标志专用字体，文字高宽比宜为1∶1。可不设对照英文信息，版面条件允许且有特殊要求时，可设置对照英文信息。

4.3.3　材料要求

城市地下道路交通标志一般采用电光源式交通标志，材料设计包括标志板等基础结构材料、反光膜材料和光电材料等。

交通标志板结构与材料参数设计应符合下列规定：

（1）交通标志板应由底板、反光材料、滑槽、支撑件、紧固件组成，各组成部件应牢固、防腐、耐用，紧固件应通用，主动发光标志还应包括发光点阵与结构。

（2）标志底板可采用铝合金板、铝合金型材、薄钢板、合成树脂类板等材料，底板最小厚度宜符合表 4-2 的规定，并应满足强度计算的要求，标志板宜选用型铝、型钢等滑槽加固。底板面积大于或等于 9 m^2 的大型交通标志底板，拼接制作时，应选择确保底板强度的合理工艺。

表 4-2　交通标志板最小厚度　　单位：mm

标志板类型	铝合金板	薄钢板	合成树脂类板
小型	2.5	1.2	4.0
大型	3.0	1.5	5.0

(3) 标志板宜采用大尺寸制作，分块制作及现场拼装时，应避免出现明显拼缝，文字图案部分不得在拼缝处。板材相关指标及制作应符合《道路交通标志板及支撑件》(GB/T 23827—2009)的有关规定。

(4) 逆反射交通标志版面设计应采用环保节能材料，逆反射材料的逆反射性能应符合《道路交通反光膜》(GB/T 18833—2012)的有关规定。

光电材料针对点阵显示主动发光标志和面板显示主动发光标志两种类型，分别应满足下列要求：

(1) 点阵显示主动发光标志的技术要求除应符合《LED 主动发光道路交通标志》(GB/T 31446—2015)的有关规定，还应符合下列要求：

① 单粒 LED 在额定电流时的法向发光强度，红色不应少于 5 000 mcd，黄色不应少于 3 000 mcd，白色不应少于 6 000 mcd，LED 灯珠间距应小于或等于 40 mm。

② 标志文字图形应具备主动发光的光学性能，且标志底板和文字图形应具备逆反射性能。

③ 标志外抱边的防尘防水等级应满足 IP55 要求，宜体薄量轻，整体厚度不应大于 45 mm。

④ LED 中心孔打孔偏位不应大于 1 mm，标志宜体薄量轻，单位质量不宜大于 22 kg/m^2。

⑤ 标志发光单元宜采用控制程序，保持相对均衡的发光对比度。

(2) 面板显示主动发光标志除应符合《内部照明标志》(JT/T 750—2009)的有关规定，还应符合下列要求：

① 标志发光面板层版面应显示清晰，文字部分不应出现筋骨与阴影。

② 标志整体内置背投平光透镜型冷光 LED 光源盒时，LED 灯珠间距宜为 30 mm±2 mm，发光亮度不宜小于 200 cd/m^2。

③ 标志文字图形应具备背透式主动发光的光学性能，同时标志底板和文字图形应兼具逆反射性能。

④ 反光膜应符合《道路交通反光膜》(GB 18833—2012)的有关规定，透光率应在 25%以上。

⑤ 标志抱边宜采用一体式封装结构，整体厚度不宜大于 45 mm，防尘防水等级应符合 IP55 要求。

⑥ 标志宜采用自动感光控制，采用光能压降分析式控制模块，控制程序应能感应标志周围面光照强度，自动开启/关闭标志发光单元。

⑦ 内置导光系统应整体发光面亮度均衡，最大亮度与最小亮度比宜小于 3∶1。

⑧ 标志宜体薄量轻，单位质量不宜大于 22 kg/m^2。

4.4　不同空间位置的设置类型与要求

在空间维度上，驾驶人从进入地下道路前到地下道路入口以及进入地下道路后直至驶出全过程，不同阶段路段节点的信息需求不同，需要设置相应的标志和标线，实现系统性和连续性的交通指引系统，能够保证从地面环境自然过渡到地下道路环境，避免突变，提醒并保证驾驶行为能够及时调整，形成新的环境适应，从而减少交通事故的发生。

地下道路不同路段的交通标志和标线，设置重点应遵循如下原则：

(1) 入口处重点警示驾驶人即将驶入地下道路，规范驾驶人驶入地下道路的驾驶行为。

(2) 地下道路中段重点提示驾驶人保持车距，规范驾驶人超车、停车行为。

(3) 出口段重点提示驾驶人出口后行车道变化情况，警示出口后交通安全隐患。

(4) 地下道路互通立交区路段，重点指引驾驶人的行驶方向，保障驾驶人提前换道并安全驶出。

本书为便于指导地下道路指引设计，根据空间关系，分为入口前区域、地下道路内部和出口区域等三种类型，如图 4-8 所示，针对每种类型提出相应的设置标志类型和具体设置要求。

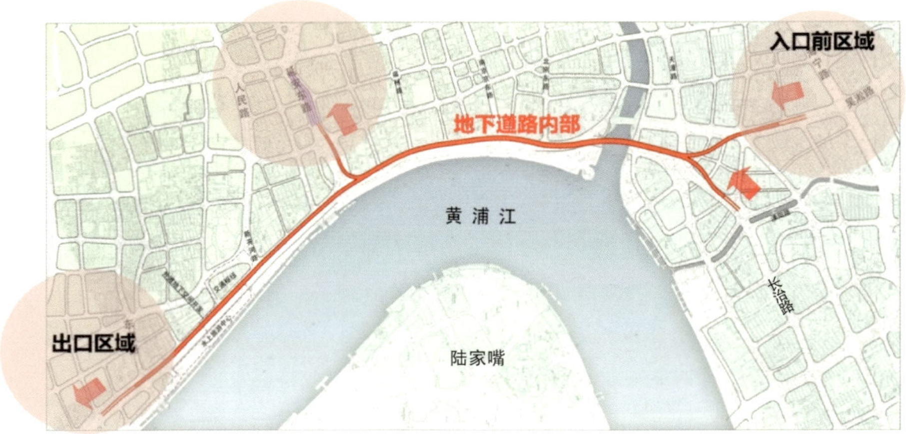

▲ 图 4-8　地下道路不同区域分类示意

4.4.1　入口前区域设置

1. 概述

入口前区域一般是指进入城市地下道路前范围，包括与之衔接的道路及周边路网。驾驶人在进入地下道路前，一般需要指路系统对其能够准确进入地下道路，地下道路的入口方向、距离等信息，以及地下道路当前状态情况是否关闭、是否拥堵等动态信息作出指引。

此外，对于交通管理部门，需要及早将地下道路的管理信息如限高等提前发布，以使超限车辆提前分流。在行车安全上，由地面驶入地下，行车环境发生转换，需要通过合理的交通指引系统，使驾驶人在地面-地下衔接过渡中合理转变驾驶行为，安全准确地进入地下道路。

2. 设置类型、要求与示例

为更好地发挥地下道路功能，科学指引车辆驶入地下道路，需要设置系统的入口预告标志和入口确认标志。同时，为更好地使用和管理地下道路，需要在入口前设置相应的交通管理标志，提前告知、警告和管控。

城市地下道路入口前区域交通标志设置应包括入口预告、入口确认等指路标志以及根据交通管理需求在入口处设置的警告、禁令、指示等标志。

根据《城市地下道路交通标志和标线设置标志》(T/CECS626—2019)的相关规定，针对入口区域的标志和标线设置技术条款引用见表4-3—表4-5。

表4-3 交通标志规范技术条款引用(一)

标志类型	标准技术条款
入口预告标志	1. 穿越山河或区域的地下道路、多点进出地下道路以及地下车库联络道，应在入口周边区域设置入口预告标志。 2. 入口预告标志应根据道路功能、等级合理设置，并应符合下列规定： (1) 对于地下快速路、穿越山河或区域的长距离地下道路应在入口周边2 km范围内单独设置入口预告标志，并应符合《城市道路交通标志和标线设置规范》(GB 51038—2015)的有关规定。 (2) 对于地下车库联络道，应在入口周边1 km范围内单独设置入口预告标志。 (3) 入口预告标志应设置在与地下道路连接的道路，以及周边的主干路、次干路的各主要交叉口，且不应少于2个主要交叉口。 3. 入口预告标志版面和设置形式应符合下列规定： (1) 对于地下快速路，入口预告指路标志版面信息应包括地下道路名称信息、目的地信息、地理方向信息和距离信息等，并应设置限高信息。 (2) 穿越山河或区域的长距离地下道路、快速路以外等级多点进出地下道路，入口预告指路标志版面信息应包括地下道路名称、入口方向信息、距离信息和限制高度信息等。2 km以外入口预告设置可结合干路或支路上的指路标志结合设置。2 km以内宜单独设置，可采用附着式或悬臂式等形式。 (3) 对于地下车库联络道，入口标志版面信息应包括地下车库联络道名称、入口方向信息、距离信息和限制高度信息等。1 km以内应单独设置，可采用附着式或悬臂式。 (4) 道路名称信息、目的地名称信息、地理方向信息等应符合《城市道路交通标志和标线设置规范》(GB 51038—2015)的有关规定。 (5) 单独设置在干路或支路的快速路入口预告指路标志，应采用与快速路指路标志相同的颜色。 (6) 其他等级地下道路单独设置的入口预告指路标志，应采用蓝底、白字、白边框、蓝色衬边
入口确认标志	城市地下道路入口前应设置入口确认标志，应采用门架式设置。入口确认标志版面信息宜包括地下道路名称、入口及方向等指示信息，有车型限制时，应指示车型

（续表）

标志类型	标准技术条款
限速、限高等警告、禁令标志	（1）同一位置设置的标志信息数量不应过多，同一版面中的禁令或指示标志的数量不应多于6种。 （2）入口的交通标志设置可利用入口前至洞口段分级设置，按交通标志信息的重要度进行前后顺序设置。 （3）限高及限制车种等限制类标志应设置在门架等位置，限速标志、急弯陡坡等警告标志、隧道开车灯标志、交通信息广播标志灯可顺序放置在门架之后，前后标志间距不宜少于30 m。 （4）有限高要求的城市地下道路，入口前应连续设置3次限高警告，条件受限时，不得小于2次。各次警告之间距离应满足能使超高车辆分流的条件
警告标志	进入城市地下道路前的衔接路段存在下列情况时，应设置相应的警告标志： （1）陡坡、急弯、反弯路等应设置与道路平纵线形相关的警告标志。 （2）城市地下道路横断面压缩应设置车道变少的警告标志
交通信息广播标志	除穿越交叉口的短距离城市地下道路，城市地下道路入口前还应设置交通信息广播标志，可设置在入口敞开段的路侧
开车灯警告标志	长距离城市地下道路入口前应设置隧道开车灯警告标志，可设置在入口敞开段的路侧
两侧通行线形诱导标	城市地下道路入口前与地面道路分隔带端部应竖向设置两侧通行线形诱导标

对于穿越交叉口的短距离城市地下道路特殊情况，需要设置分车道行驶指示标志，并应符合表4-4规定。

表4-4　交通标志规范技术条款引用(二)

标志类型	标准技术条款
入口预告标志	穿越交叉口的短距离城市地下道路前应设置分车道行驶指示标志，并应符合下列规定： （1）分车道行驶指示标志应根据地下道路洞口与交叉口距离情况，设置相应的版面。 （2）车道指示行驶标志宜设置在入口前上游50～100 m处。当距离上游平面交叉口较近时，可在上游交叉口前设置，并宜设置于道路行车方向的右上方，但距交叉口停车线不应少于50～150 m，且不应遮挡其他交通标志

（续表）

标志类型	标准技术条款
入口专用车道标志	穿越交叉口的短距离城市地下道路入口应设置入口专用车道标志，当穿越2个及以上平面交叉口时，应在入口前设置入口处地点、方向指路标志，并应符合下列规定： 1. 入口专用车道标志应指示当前进入地下道路的车道通向的目的地信息、版面类型及适用情况： (1) Ⅰ类版面应指示前进方向2个目的地信息，顺序应为由上至下，分别为近信息、远信息。 (2) Ⅱ类版面应指示前进方向1个目的地信息。 2. 入口处地点、方向指路标志用于指引被穿行的主要交叉道路，指示引导不进入地下道路的车辆，版面信息指示前进方向不应超过3个目的地或交叉口信息，顺序应为由上至下，分别为近信息、远信息

表 4-5　交通标线规范技术条款引用

标志类型	标准技术条款
实线车道分界线	城市地下道路洞口内及洞外100～150 m范围内宜设置实线车道分界线，并可配合使用凸起路标和纵向减速标线
减速标线	城市地下道路入洞口前宜设置横向减速标线。当入口下坡路段纵坡大于3.5%时，应设置减速标线。当设计速度小于60 km/h时，宜采用车行道横向减速标线；当设计速度大于或等于60 km/h时，宜采用车行道纵向减速标线。减速标线应增加防滑处理，抗滑值不应小于60 BPN
立面标记	城市地下道路洞门、限高龙门架以及护栏端部宜设置立面标记，立面标记设置方法应符合《城市道路交通标志和标线设置规范》(GB 51038—2015)的有关规定

1）入口预告标志

在地下道路周边路网范围内，需要设置系统、连续的入口预告标志引导车辆进入地下道路。一般对于穿越比较重要节点、在路网中可替代性道路少的地下道路，多点进出系统性地下道路（该类道路一般交通功能等级高）以及在区域范围内的地下车库联络道，需要进行引导以实现人车分离、发挥地下道路集散功能等。以上这几种类型的地下道路都应在入口周边区域设置入口预告标志，充分引导，提高地下道路使用效率。

对于地下快速路，入口预告指路标志版面信息包括地下道路名称信息、目的地信息、地理方向信息和距离信息等，版面可参考图4-9。对于越江隧道、快速路以外等级多点进出地下道路，入口预告标志版面可参考图 4-10。

▲ 图 4-9　快速路入口预告标志示意

▲ 图 4-10　2 km 范围内越江隧道入口预告标志示意

2）入口确认标志

城市地下道路入口前设置入口确认标志，如图 4-11 所示，告知驾驶人前方地下道路名称，提醒驾驶人即将驶入地下道路。标志设置一般应采用门架式，并结合地面标记。当有车型限制时，还应指示车型。

▲ 图 4-11　入口确认标志示意

城市地下道路一般都有限制高度、限制类车种等要求，尤其是限制高度信息的提醒对及时分流超高车辆具有重要作用，在现有入口预告信息基础上应增加限制高度等信息内容，如图 4-12 所示。限高、禁止某车种通行等禁令标志可套用于入口预告标志，但值得注意是，禁令标志作为附加图形设置于指路标志版面上时不具有法律效力，除非尺寸达到标准要求，因此在入口适当位置还应单独设置限高、禁止某车种通行等禁令标志，如图 4-13—图 4-15 所示。

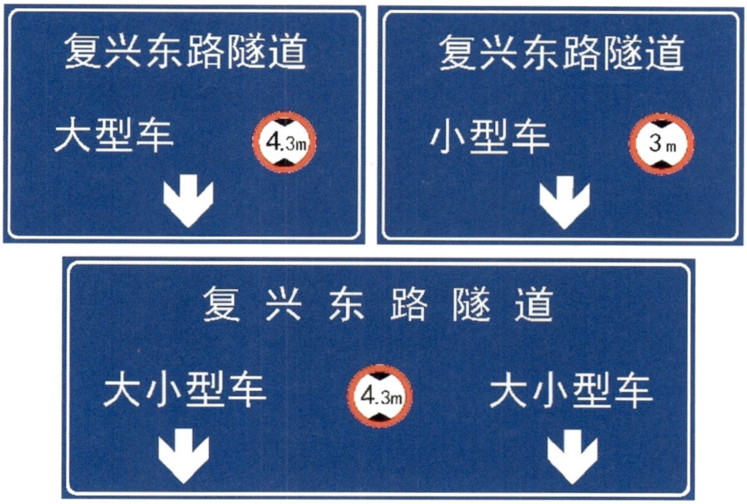

▲ 图 4-12　有车型行驶规定的入口确认标志示意

▲ 图 4-13　含有禁令标志的入口预告指路标志案例

▲ 图 4-14　单独设置禁令标志的隧道入口前标志案例

▲ 图 4-15　入口确认标志案例

3）入口标志分步设置案例

入口处同一位置设置的交通标志数量过多容易造成信息负荷过载，影响行车安全，如图 4-16 所示。为避免集中设置，一般规定同一版面标志信息不应超过6 个，可按提示信息的重要度排列，按顺序分开独立设置，如图 4-17—图 4-19 所示。

▲ 图 4-16　入口交通标志过多情况

▲ 图 4-17　入口标志分步设置案例

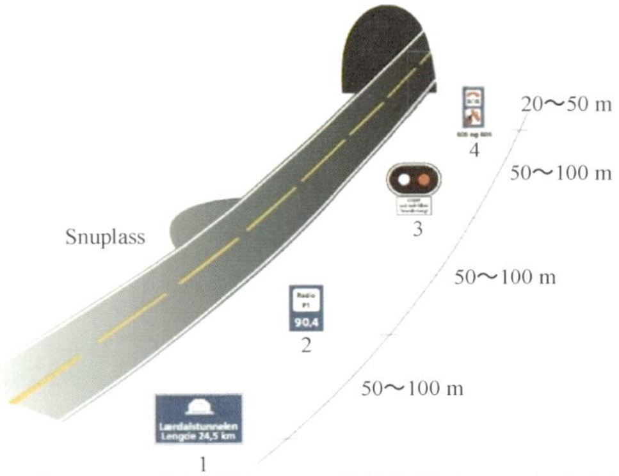

1—长度指示标志；2—开广播标志；3—信号灯标志；4—应急告示标志

▲ 图 4-18　入口标志分步设置示例

▲ 图 4-19　入口标志分步设置案例

4）入口警告标志

地下道路入口段线形复杂及入口后还存在合流、左侧合流等情况，容易加剧行车危险，可提前设置辅助类图形告示标志，图 4-20 所示为示意匝道和合流的图形告示标志，提前告知警示驾驶人注意急弯线形以及后续的合流车辆等状况，提高行车安全。

▲ 图 4-20　辅助类图形告示标志案例

5）下穿型城市地下道路入口标志

下穿型城市地下道路主要是指向下穿越一个及以上被交道路的地下道路，为便于提前引导分流车辆是否进入地下道路，选择正确线路，需要提前设置预告标志，即分车道指示标志，如图 4-21 所示。

4.4.2　内部设置

1. 概述

地下道路内部是指入洞口区域内至出洞口前一定范围的区域，进一步可细分为基本路段和分合流出入口路段。

交通指引系统设置的目的主要是解决对分合流区域的引导问题，重点是对分流出口的指引，通过设置多级指引系统，提升出口的识别效率，进而提高分合流区域的行车安全。

从交通管理上，需要在地下道路内部对车速、车道等进行管理，设置传达必要的警告和禁令信息。

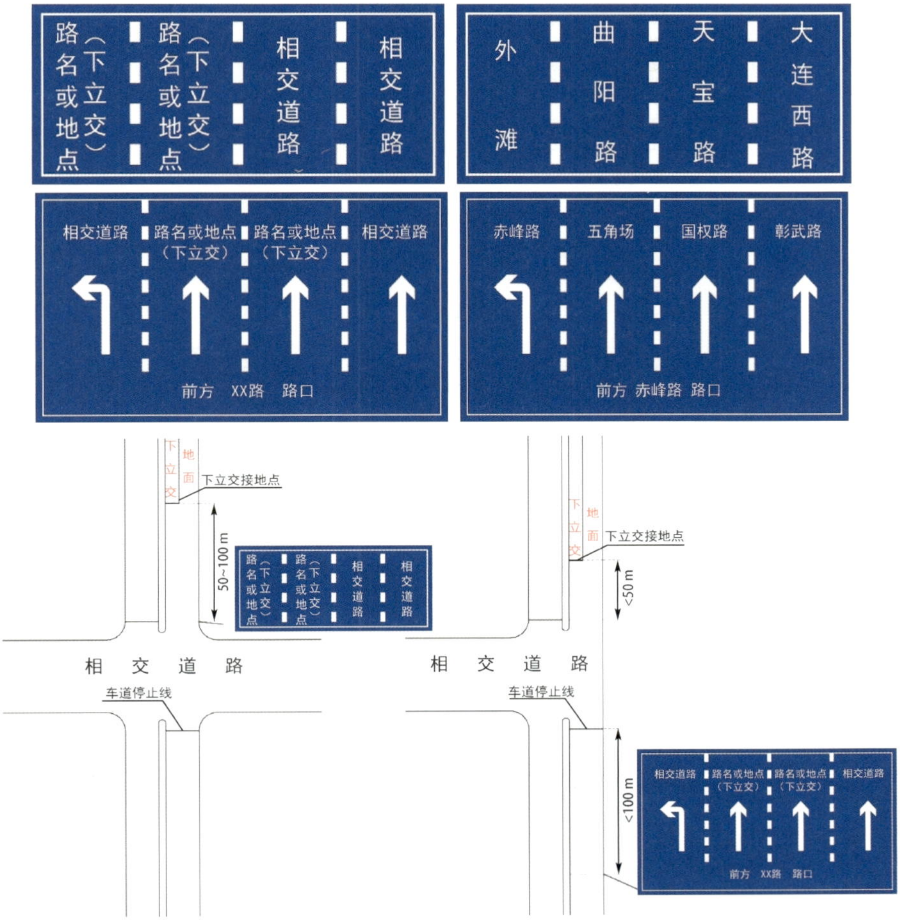

▲ 图 4-21　下穿型地下道路分车道行驶指示标志示意

2. 设置类型、要求与示例

城市地下道路内部交通标志设置应包括出口预告标志、出口标志、下一出口标志等指路标志，交通管理需要设置的警告、禁令、指示等标志，以及应急停车港湾等设施指引标志。对于地下车库联络道还应设置地块空车位预告和总体引导等标志。

根据《城市地下道路交通标志和标线设置标志》（T/CECS626—2019）的相关规定，针对入口区域的标志设置技术条款引用如表 4-6 和表 4-7 所列。

表 4-6　交通标志规范技术条款引用

标志类型	标准技术条款
出口预告标志	城市地下道路出口预告标志设置应符合下列规定： 1. 多点进出城市地下道路出口预告标志应分级指引，应对前方出口名称、方向、距离进行预告，并应符合下列规定： (1) 设计车速大于或等于 60 km/h 的城市地下道路出口预告设置应符合《城市道路交通标志和标线设置规范》(GB 51038—2015)的有关规定。 (2) 设计车速小于 60 km/h 的城市地下道路，除地下车库联络道外，应分别在减速车道的渐变段起点前 1 km，500 m，250 m 和起点处设置 1 km，500 m，250 m 出口预告标志。当出口间距小于 1km 时，可取消 1 km 处出口预告标志。 2. 地下车库联络道应对前方出口地面道路名称、地块停车库名称、方向、距离进行预告，出口预告标志不宜小于 2 级，并应在出口分流端设置出口确认标志
下一出口标志、出口确认标志	下一出口标志、出口确认标志设置应符合下列规定： (1) 多点进出城市地下道路出口分流端，应设置当前出口确认标志和下一出口预告标志。 (2) 下一出口预告标志应显示快速路下游出口的名称、方向、距离等相关信息。 (3) 下一出口预告标志应设置在出口分岔点处主线车道上方，宜采用悬挂式结构。 (4) 出口确认标志应设置在出口分岔点端部，宜采用悬挂式结构，单独设置。 (5) 对于出口匝道需二级分流的情况，可采用出口地点、方向标志或专用车道标志代替出口标志。出口地点、方向标志或专用车道标志信息，应与出口预告标志信息对应。 (6) 出口地点、方向标志应设置在出口匝道二级分岔点端部上方，宜分别采用悬挂式支撑结构单独设置在各自车道上方。 (7) 匝道线形指标较低、视距受限时，应在两分岔点之间增设出口地点、方向标志和专用车道标志
空车位数预告标志	地下车库联络道内应设置停车库指路标志及停车库入口标志，宜设置停车库空车位数预告标志
总体引导标志	地下车库联络道总体引导标志设置应符合下列规定： (1) 地下车库联络道宜在入口前及内部适当位置设置总体引导标志。 (2) 总体引导标志可设置于入口正面墙、主次环分岔点、弯道等特殊点的正面墙、侧墙位置。 (3) 总体引导标志版面应显示地下车库联络道总体走向、主要道路出入口和接入地块入口名称以及当前定位等信息，并应具有足够易于识别的版面尺寸

(续表)

标志类型	标准技术条款
线形诱导标志	线形诱导标志设置应符合下列规定： (1) 主线或匝道等曲线弯道路段应设置线形诱导标志，应使驾驶人在曲线范围内连续看到不少于 3 块诱导标。 (2) 线形诱导标志的基本单元尺寸应根据设计速度确定，并应满足《城市道路交通标志和标线设置规范》(GB 51038—2015)的有关规定，根据实际情况可采用较小尺寸。 (3) 当地下道路设置检修道等具有一定宽度的侧向净宽时，可设置单柱式，线形诱导标板的下缘至地面的高度应为 120～200 cm，标志板应面对驾驶人视线。当侧向宽度较小，设置线形诱导标志受限时，可将弯道线形诱导辅助标记直接贴附或内嵌于侧墙或防撞侧墙上。 (4) 线形诱导标志宜采用光电式与闪烁相结合的形式
禁令标志	禁令标志设置应符合下列规定： (1) 多点进出城市地下道路合流入口加速车道后的适当位置应设置限速标志。 (2) 出口匝道驶入前应设置匝道的限速标志。 (3) 特长地下道路宜每隔 1～2 km 重复设置限速标志
警告标志	警告标志设置应符合下列规定： (1) 地下道路内部存在左侧合流时，应在主线道路连续设置两个注意左侧合流标志，前后间距宜为 100 m，匝道也应设置注意左侧合流标志。 (2) 左侧合流标志宜设置“注意左侧合流”的辅助说明标志。 (3) 左侧合流标志宜采用主动发光与闪烁相结合形式。 (4) 局部存在陡坡、急弯、反弯路、连续弯路时，应设置相应的警告标志，设置方法应满足《城市道路交通标志和标线设置规范》(GB 51038—2015)的有关规定
车道指示标志	地下道路内部有车道管理需求时，应设置相应的车道指示标志
应急停车港湾预告标志和确认标志	当设置应急停车港湾时，应设置应急停车港湾预告标志和确认标志，并应符合下列规定： (1) 预告标志应设置在应急停车港湾前 50 m，设施确认标志应设置在停车带起点位置。 (2) 应急停车港湾标志应设置于紧急停车带入口前 5 m 左右，底部与路面边缘高差不应小于 2.5 m。 (3) 标志版面尺寸宜为 50 cm×80 cm
百米牌标志	百米牌标志设置应符合下列规定： (1) 地下道路内应设置百米牌。 (2) 百米牌宜附着在侧墙或路侧防撞侧墙上，每隔 100 m 应设置一处，标志信息为地下道路编号、百米标识和方向信息应从行车方向顺序增加。 (3) 百米牌尺寸宜为 40 cm×12 cm，距离地面高度宜为 0.4～0.5 m。设置百米牌时不得影响疏散指示标志

表 4-7　交通标线规范技术条款引用

标志类型	标准技术条款
实线车道分界线	城市地下道路连续弯道、视距不良等危险路段应设置实线车道分界线，分界线宜采用振动标线
减速标线	（1）小半径、急弯、陡坡、长大下坡、合流段等地下道路事故易发路段前，应设置横向减速标线，减速标线应增加防滑处理，抗滑值不应小于 60 BPN。 （2）其他需要减速的路段或出入口前，宜设置车行道横向减速标线
振动标线	长距离城市地下道路车行道边缘应设置振动标线
立面标记	（1）长距离城市地下道路的路侧防护设施应设置黄黑相间的倾斜线条组成的立面标记，斜线倾角应为 45°，线宽及间距均应为 15 cm，具体设置要求应符合《城市道路交通标志和标线设置规范》(GB 51038—2015)的有关规定。 （2）城市地下道路应急停车港湾迎车面端部宜设置立面标记
轮廓标	城市地下道路车行道两侧以及检修通道侧面应连续设置轮廓标，轮廓标设置应符合《城市道路交通标志和标线设置规范》(GB 51038—2015)的有关规定
凸起路标	长距离城市地下道路主线以及分合流路段应在车行道边缘线的外侧设置凸起路标，并应采用主动发光型或定向反光型，具体设置要求应符合《城市道路交通标志和标线设置规范》(GB 51038—2015)的有关规定
弹性交通柱	合流端部应连续设置弹性交通柱，与主线隔离距离不应小于一倍停车视距的长度
标记	城市地下道路分流出口宜设置侧墙色彩、图案、墙面信息带等标记
涉水线及水位标尺	易积水的地下道路，应在易积水路段设置涉水线及水位标尺。涉水线的线宽宜为 45 cm 的黄色标线，并宜在横断面书写 1.2 m×1.8 m 的黄色字体“积水警戒”
主动发光带	长距离及以上城市地下道路宜在侧墙设置主动发光带，发光带宽度和间距应根据设计速度综合确定

1）出口预告标志

出口预告标志用于告知驾驶人下一个出口的距离和所能到达的目的地，使驾驶人能够提前变换车道，顺利驶出主路。对于多点进出的长距离城市地下道路，在次出口之前应连续设置出口预告标志。

《道路交通标志和标线》(GB 5768)对我国高速公路的出口预报标志规定：需在距离减速车道的渐变段起点 2 km，1 km，500 m 及 0 m 处分别设置出口预告标志。

由于城市地下道路出入口密集，其间距相对于高速公路互通立交的间距短；高速公路最高设计速度达 120 km/h，而一般的城市地下道路设计速度为 40 km/h，60 km/h 或 80 km/h，相对较低；因此高速公路出口预告标志设置标准不适用于城市地下道路的情况。

城市地下道路出口标志应采取分级指引策略，在设置位置上，宜采用与高速公路等不同的标准，规定分别在减速车道的渐变段起点前 1 km，500 m，250 m及 0 m 处设置出口预告标志，具体设置位置可根据地下道路出口实际情况作适当调整，最后在出口分流端设置出口确认标志。

对于出口匝道需二级分流的情况，为提升对出口的引导作用，可采用出口地点、方向标志或专用车道标志代替出口标志，明确指示车道的驶向位置，并可与地面标线文字等相结合，出口地点、方向标志或专用车道标志信息应与出口预告标志信息对应。

2）空车位数预告标志

为充分发挥地下车库联络道功能，合理引导车道使用地块车库，及时预告地块车库的空车位情况，地下车库联络道内一般都配套设置停车诱导标志系统，提前指示预告空车位情况，空车位预告标志可与停车库入口标志等合并设置，如图 4-22 所示。

▲ **图 4-22　空车位预告标志设置示意**

3）总体引导标志

地下车库联络道连接较多，地块车库多，出入口多，且位于地下，交通引导复杂，除多级出口预告等引导措施外，有条件时可设置地下车库联络道的总体引导标志，如图 4-23 所示，为驾驶人提供地下车库联络道的总体走向、当前所处位置、出入口分布等情况，便于驾驶人能够及时获取信息，增强其在地下行驶的寻路能力。但考虑到行驶安全等因素，在设置位置上需要综合考虑，一般应设置在行车方向便于识别的位置，且保证足够的尺寸，另外，也可在之前通过减速标线等措施协调设置，起到减速提醒作用。

▲ 图 4-23　地下车库联络道总体引导标志案例

4）侧墙辅助标志

侧向宽度较小时，为避免侵入行车空间，辅助诱导标志宜采用附着式标志，直接贴附于侧墙或防撞侧墙上方，如图 4-24 所示。

▲ 图 4-24　弯道线形诱导辅助标志案例

5）主动发光带

城市地下道路内为弱视觉参照系，车辆在地下道路中高速行驶时，由于照度低、参照物少、对比度低和环境单调，驾驶人会产生视错觉，对速度、距离和时间发生误判。长时间行驶于单调的视觉环境中，驾驶人易产生视觉疲劳，驾驶注意力不集中，导致不良驾驶行为，易引发撞击隧道侧壁、超速、追尾等交通事故。

长距离及特长距离城市地下道路宜在侧墙设置主动发光带，按一定间距重复设置，在隧道侧壁形成垂直于地面的光束，提供侧墙参照，增强驾驶人对速度和间距判断的准确性；灯带的光束几何形状、颜色、闪烁频率可变化，改善驾驶人视觉环境，减少因单调而引起的驾驶疲劳，提高行车安全性与舒适性，如图 4-25 所示。

▲ **图 4-25　主动发光带**

4.4.3　出口区域

1. 概述

地下道路出口区域是明、暗环境交替出现，类似入洞口区域，在明亮环境与暗环境交替过程中，驾驶人注意力集中于隧道进口的黑洞和隧道出口的炫光，形成“白洞效应”，这种效应对车辆安全行驶带来严重影响。

地下道路出口区域的引导系统设置主要是在驶出地下道路之前，能够提前对出洞口的衔接道路的交通道路状况进行预告，如平面交叉口和出口分流匝道等，需要提前告知。

2. 设置类型、要求与示例

地下道路出口距离交叉口较近时，应提前设置交叉口警告标志、注意行人和非机动车标志以及交叉口车道指示标志，可设置在敞开段的路侧或地下道路内。地下道路出洞口后紧邻设置出口匝道时，应在洞内提前设置出洞指路标志。

主线出地下道路前应设置出隧道预告标志，并应符合下列规定：

(1) 特长距离地下道路，在出洞口前应设置指示前方出口距离的预告标志，长度超过 3 km 的特长隧道内，应从距离出口 2 km 处开始，每 500 m 设置一处预告标志，直至隧道出口。出隧道预告标志可单独设置，可采用悬挂式，也可与一般指路标志合并设置。

(2) 在交通标线设置方面，地下道路出洞口与交叉口衔接段应进行道路渠化，并应设置相应标线和文字标记。与交叉口衔接较近时，应设置车行道减速标线。

4.4.4 综合协调设置

标志标线合理协调配合设置能够实现“1＋1＞2”的效果，二者配合设置，通过地面标线增强对交通标志的理解，提升标志设置的识别性，减少驾驶人误判。城市地下道路出入洞口、内部分合流出入口、急弯陡坡等是较为典型的路段，交通状况较为复杂，容易发生交通事故，标志和标线的综合协调设置对提高道路安全和通行效率具有重要意义。

1. 出入地下道路区域协调设置

在进入地下道路前，需要进行准确车辆引导，地面文字配合入口预告标志的形式可以大大提升引导效率，及时分流车辆，也可避免车辆误入地下道路内部或者错过入口。对地下道路入口进行引导预告时，入口预告标志和入口确认标志应与路面文字标记协调设置，如图 4-26 所示，具体设置要求见表 4-8。

▲ 图 4-26　入口协调设置案例

表 4-8　地下道路入口标志和标线协调设置要求

情形	交通标志	设置原则	交通标线	设置原则
入口预告	入口预告	应设	地面标记	应设
			导向箭头	应设
入口确认	入口确认	应设	导向箭头	应设

地下道路有限高要求时，入口限高标志、标线协调设置，如图 4-27 所示。对于有限高要求的地下道路，大多在入口前连续设置 2～3 次超高警告，采用软硬相结合的控制措施，最后一次应为强制性阻止车辆进入措施（如设置硬杆型防撞门架）。还有部分地下道路采用 4 次警告措施，例如上海复兴东路隧道在浦西、浦东入口处共设置了四级警告：一级警告采用限高标志；二级警告采用交通限高标志结合硬橡胶条击打方式；三级警告采用红外线超高检测仪，红外线超高检测仪与隧道入口处信号灯联动，当检测仪检测出超高车辆时，入口的红色信号灯亮起，入口检查亭值班人员可引导超高车辆驶离隧道；四级警告为钢结构防撞门架，强制阻止超高车辆驶入。

▲ 图 4-27　有限高要求的出入口协调设置案例

从目前运营来看，基本通过前两级的超高警告就可将超高车辆分离，逐级设置超高警告的方法效果比较明显。

地下道路入口前设计还应体现道路"容错性"的设计理念，设置绕行通道，各级警告标志之间应保持一定距离，能保证误闯入的超高车辆能够及时分离，当最后被强制性禁止通行后也能通过引导，绕行驶离主线，以免阻碍进入地下道路车辆的正常通行，具体设置要求见表 4-9。

表 4-9　入口限高标志和标线协调设置

情形	交通标志	设置原则	交通标线	设置原则
限高警告，并提示超限车辆分流	限高警告标志	应设	指示分流出口标线	应设
	超高警告可变信息标志	宜设	导向箭头	应设
	超限车辆引导出口标志	应设	地面标记	可设

城市地下道路出口一般会衔接道路平面交叉口，为提高交叉口的识别性以及提前做好按车道分流，需要在地下道路出口设置有效的引导标志，包括交叉口预告以及人行横道预告等。具体设置要求建议见表 4-10。

表 4-10　出口区域标志和标线协调设置

情形	交通标志	设置原则	交通标线	设置原则
交叉口预告	交叉口路径指引标志	应设	导向箭头	应设
	车道行驶方向标志	应设	禁止跨越通向车行道边缘线	应设
前方交叉口存在人行道	注意行人标志	应设	车道地面标记	可设

2. 分合流出入口协调设置

系统性多点进出地下道路发展越来越多，内部形成多个出入口，出入口区域一般是事故多发区域，地下道路内部缺乏参照物，驾驶人寻路将主要依赖交通标志，并且需要交通标线协调设置，如图 4-28 所示，形成地面、地下立体引导系统，具体设置要求见表 4-11。

▲ **图 4-28 分合流出入口协调设置案例**

表 4-11 分流出口区域标志和标线协调设置

情形	交通标志	设置原则	交通标线	设置原则
出口预告	连续出口预告标志	应设	地面文字标记	应设
	出口确认标志	应设	道路出口标线	应设
	下一出口标志	应设	凸起路标	应设
出口视距受限时	—	—	侧墙标记	宜设
	—	—	主线减速标线	宜设

尤其是当存在出口后，为进一步分流，形成连续出口，交通引导设置更为重要。连续分流出口匝道的标志和标线协同设置应满足表 4-12 的要求。

表 4-12 出口匝道区域标志和标线协调设置

情形	交通标志	设置原则	交通标线	设置原则
出口匝道连续分流	方向专用车道标志	应设	地面文字标记	应设
			车行道纵向减速标线	宜设

地下道路合流区域视线容易受侧墙遮挡，因此需要重点解决驾驶人因视线不足过早汇入主线而引起的交通安全问题。合流区域的标志和标线设置应满足表 4-13 的要求。

表 4-13　合流区域标志和标线协调设置

情形	交通标志	设置原则	交通标线	设置原则
注意合流	合流警告标志	应设	导向箭头	应设
			凸起路标	应设
			凸起路标	应设
			弹性交通柱	应设
			主线减速标线	宜设

3. 急弯陡坡等危险路段协调设置

城市地下道路急弯陡坡组合是较为复杂的危险路段，需要设置急弯警告、视线诱导、陡坡警告等综合性标志，如图 4-29 所示。同时还需通过限速标志或减速标线进行限速，标志和标线需要充分协调设置以达到准确表达交通管理的意图，提高危险路段的运营安全。具体设置要求如表 4-14—表 4-16 所列。

▲ 图 4-29　急弯陡坡组合路段的协调设置案例

表 4-14 急弯路段标志和标线协调设置

情形	交通标志	设置原则	交通标线	设置原则
警告	急弯警告标志	应设	地面标记	宜设
	防追尾警告可变信息标志	宜设	—	—
限速	限速标志	应设	主线减速标线	宜设
诱导	线形诱导标志	应设	弯道交通辅助标记	宜设

表 4-15 陡坡路段标志和标线协调设置

情形	交通标志	设置原则	交通标线	设置原则
警告	急弯警告标志	应设	地面标记	宜设
限速	限速标志	应设	主线减速标线	宜设

表 4-16 急弯陡坡组合路段标志和标线协调设置

情形	交通标志	设置原则	交通标线	设置原则
警告	急弯警告标志	应设	地面标记	宜设
	防追尾警告可变信息标志	宜设	—	—
	陡坡警告标志	应设	—	—
限速	限速标志	应设	主线减速标线	应设
诱导	线形诱导标志	应设	弯道交通辅助标记	宜设

5 复杂城市地下道路交通指引系统设置方法研究

5.1 概述

复杂城市地下道路系统一般是指出入口较多、多点进出的系统性地下道路或地下车库联络道系统，内部出入口多，环境相对复杂。国外马德里 M30、波士顿中央大道等地下道路在建设运营时，都意识到了交通指引标志设置的重要性，开展了标志系统优化设置的专项研究。我国北京中关村西区的地下车库联络道，全长 1.9 km，连接着 14 座大厦。按照设计，这条道路可引导 5 000 辆待停车辆改走地下，实现人车分流，对缓解中关村西区的地面交通拥堵大有裨益。但据报道，实际上自 2007 年底开通以来，地下车库联络道利用率一直不高，很多在中关村西区工作的人也很少穿行这条地下通道。其中，交通指引标志设置不佳是导致其利用率不高的重要原因之一。

复杂地下道路系统指引标志设置主要存在以下问题和挑战：

(1) 设置位置受空间限制、侧墙遮挡、光线等影响，标志尺寸及版面布置受限，可识别性和信息引导存在困难。

(2) 导向信息设置的连续性难度大，需考虑地面和地下一体化，实现地面、地下信息的无缝融合。

(3) 出入口多，指路信息内容多、层次复杂。

(4) 地下道路内部驾驶人缺乏参照物，对出入口的识别及地面情况的了解基本都依赖于标志系统，标志系统设置对驾驶人的行车影响更加突出。

由于我国相关规范都侧重于对单个交通标志，缺乏对交通标志系统化设计方法流程的规定，从而设计时缺乏从整体上规划布置、统筹考虑，也缺乏对实际驾驶人的信息需求分析，导致交通标志布置的教条性或随意性较大，标志设置存在过多或遗漏等不足之处。确保标志设置“适时、适地、适量”是设计的核心，需要按一定的方法对标志进行系统的规划布置。

为解决复杂地下道路系统的标志设置问题，本书提出了基于信息设计的交通标志设置方法，以不熟悉路网环境的驾驶人为设计对象，研究驾驶人“进地下道路前—地下道路入口处—地下道路内部—出地下道路”等驶入与驶出全过程的空间认知心理和信息需求，并梳理不同阶段驾驶人的信息需求，再将信息进行分类，形成地面与地下及其与路网区域一体化连续标志系统。

5.2 设置方法与流程

从信息论角度看，驾驶人对交通标志识别是一个交通标志信息的通信过程，交通标志中的各种图形、文字、符号及颜色，通过编码变成信号，与道路中其他信息源共同向驾驶人传递信息，驾驶人在道路行驶的过程中需不断接受交通标志所传递的信息，以保证能够安全、顺利、快捷地抵达目的地。交通标志可以理解为道路及环境、道路管理者与驾驶人之间的信息交流的桥梁，传达道路与环境所蕴含的与行车安全、导向等相关的信息，道路交通管理者对道路交通的管理意图等也需通过交通标志来传达。因此，交通标志设计的核心是信息设计，通过标志设计来传达安全、指引、交通状况等一系列信息。

基于信息设计的交通标志设置过程主要包括基础资料的收集与分析、交通组织与交通管理分析、驾驶人信息需求分析、标志点位的布置规划、标志的信息设计和版面设置等，如图 5-1 所示，以下论述其中几个关键步骤。

1. 基础资料收集、设计对象确定

资料收集一般应包括：道路功能和等级、红线宽度、沿线交叉口及出入口等；道路有关的设计成果及资料；预测交通量和交通组成；沿途所经过的主、次干道名、地点名和主要设施；交通管制措施方案；周边道路设施状况等。

设计对象选择应以不熟悉路网的驾驶人为主，以驾驶人的行为心理分析、交通管理及交通流线与组织分析为设置依据。

2. 驾驶人信息需求分析

驾驶人的信息需求分析是指交通标志设计时，信息的传达应以驾驶人自身的信息需求及其接受感知能力为基本依据，针对所处的道路不同位置阶段，从驾驶人的心理角度进行分析，不同阶段所需求的信息不同。

在进行信息需求分析时，应分别从Ⅰ，Ⅱ，Ⅲ，Ⅳ四类信息分别开展，从驾驶人“驶入道路—道路的基本路段—交叉口等不同道路环境—驶出道路到达目的地”这一全过程，并结合针对不同交通流线、不同路段的交通组织及交通管理要求，分析驾驶人的信息需求。

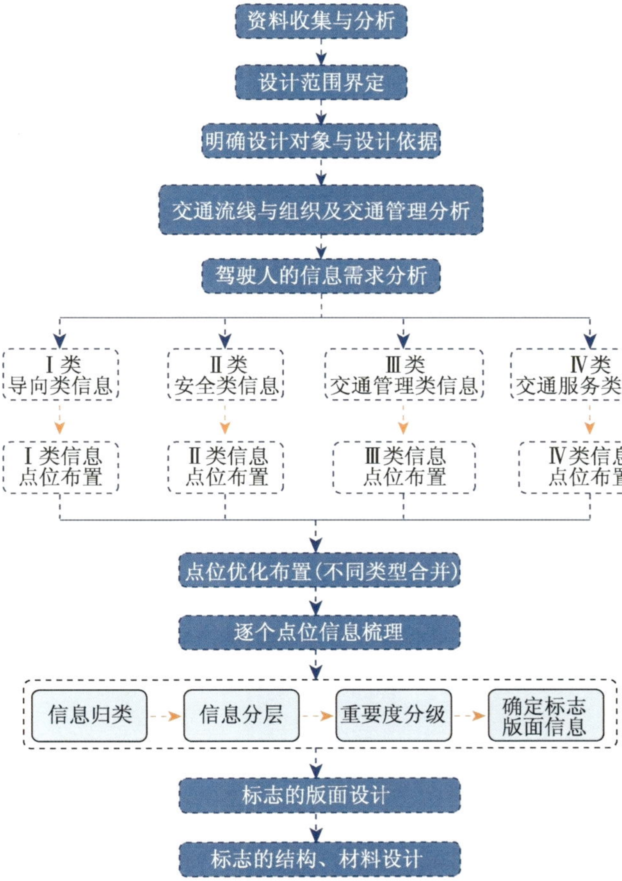

▲ **图 5-1　基于信息设计的交通标志设置方法**

3. 交通标志点位规划布置

交通标志的点位布置主要是确定交通标志纵向、横向及竖向的空间位置，点位的布置位置应易于识别，考虑与周边空间环境及其他设施的关系，避免被其他设施或侧墙遮挡，结合驾驶人的信息需求、道路空间环境特点等综合确定。

点位布置时按照Ⅰ，Ⅱ，Ⅲ，Ⅳ类不同信息的类型分别考虑，布置到相应位置。对于交通标志具体的横向、高度设置要求应满足《道路交通标志标线》(GB 5768.2—2009)的规定。对于交通标志在纵向上的位置，为保证道路沿线分布合理，避免交通标志设置过多，需要在分别考虑上述不同类型标志的基础上，进行集中、统筹优化，将不同位置的标志进行适度整合，形成一体化的标志信息系统。

4. 交通标志信息设计

初步确定交通标志在道路空间的位置分布后，需要对每个点位交通标志所需反应的信息进行进一步梳理，即对信息进行分层、重要度排序，考虑到驾驶人的信息接受程度，优先反应重要信息，剔出不重要信息，最终确定点位上交通标志的信息，为交通标志的版面设计提供基础。

1）信息分类

我国相关规范将交通标志主要分为警告标志、禁令标志、指示标志、指路标志、旅游区标志及其他标志等几种类型。警告标志用于警告车辆驾驶人、行人注意道路交通的标志，道路使用者需谨慎行动，如交叉口警告标志，用以警告车辆驾驶人谨慎慢行，注意横向来车，设在平面交叉路口驶入路段的适当位置。指示标志表示指示车辆、行人行进的含义，道路使用者应严格遵循。禁令标志用于表示严格约束、禁止驾驶人相关行为。指路标志表示道路信息的指引，为驾驶者提供去往目的地所经过的道路、沿途相关城镇、重要公共设施、服务设施、地点、距离和行车方向等信息。

不同类型的标志具有不同的功能，向驾驶人传递不同类型的信息，信息传递与接受是相对应的，因此，可根据交通标志的功能类型，将驾驶人的信息需求分为导向类、安全类、交通管理类及交通服务类等四类信息，具体分类如表 5-1 所列。

表 5-1　驾驶人的需求信息分类

信息类型	具体信息	对应的交通标志
Ⅰ类： 导向类信息	道路信息，地点信息，方向信息和距离信息等	（1）路径指引标：交叉路口预告标志、交叉路口告知标志、确认标志； （2）地点指引标志：地名标志、著名地点标志、分界标志、地点识别标志； （3）其他道路信息指引标志：出口距离预告标志、线形诱导标等

（续表）

信息类型	具体信息	对应的交通标志
Ⅱ类： 安全类信息	正常运营情况下与交通安全相关的提醒警告类信息，火灾等突发事件下的应急安全类信息等	（1）对平面交叉口警告标志； （2）对道路几何条件变化的警告标志； （3）对道路设施的警告标志； （4）对道路施工警告标志； （5）对沿线危险状况的警告标志； （6）应急避难设施（场所）标志等
Ⅲ类： 交通管理类信息	道路服务车型要求、交通组织、速度控制等道路管理部门的交通管理信息	（1）指示标志； （2）禁令标志； （3）部分警告标志等
Ⅳ类： 交通服务类信息	交通运行状况、沿线配套服务设施、商业设施等服务类信息	道路沿线设施指引标志：停车场（区）标志、观景台标志、休息区标志等

2）信息分层

交通标志信息设计中的信息分层主要针对导向类信息（Ⅰ类）。驾驶人在一次完整的出行过程中，由起点至目的地，由远及近，对指路信息的要求逐步从关心区域面的信息向具体的道路信息转化，最终落到目的地的点信息上，因此，该过程中需要点、线、面等不同层面的信息。

在指路标志设计时，需要充分考虑这些不同层面信息之间的合理搭配，以满足驾驶人的出行需求。按照层级进行导向引导，符合人的正常认知习惯，也有利于交通标志的版面设置更具有层次性和逻辑性，提高指引效率，避免信息的混乱。

导向类信息中的道路信息可以分为道路名称和道路编号等。根据道路在所在路网中的地位和功能，可以将道路信息分为三个层次。

导向类信息中的地点信息可分为四类：行政区域、交通枢纽、旅游景区和重要地物。地点信息也可根据地点路网密度、路网通达程度、知名程度等因素，分为三个层次。

实际上指路信息分层应是一个相对概念，即使处于第三层的信息，从更小的区域来看，也可以在本区域内进一步分层，得到相对于本区域范围内的信息分层。但导向信息层级一般分三级，不宜过多，否则会增加信息设计的复杂度，造成版面信息设计中对信息指引的失衡。此外，同一交通指引标志的版面不宜布置层级相差较大的信息。

3）信息重要度分级

在道路某一位置可能存在多个交通标志同时传递若干不同类型的信息，或者只有一个交通标志，但传递多条同类型信息。由于驾驶人在行车过程中，视认时间短，需在动态条件下发现、判读标志及采取行动，同时还受路侧等环境信息干扰，若交通标志所传递的信息量过多，驾驶人很难全部处理，易造成信息遗漏。因此，在交通标志设置时，一方面，需要严格控制标志的版面信息数量；另一方面，应该筛选出重要的信息，优先驾驶人所识别处理，这种情况下需要到对信息的重要程度进行比较，即信息重要度分级。

信息重要度分级是交通标志信息设计中的重要内容之一。从已有研究来看，也有相关文献提出了类似信息重要度的概念，如《道路交通标志标线》(GB 5768.2—2009)中规定：为保证视认性，同一地点需要设置两个以上标志时，可安装在一个支撑结构上，但最多不应超过四个；分开设置的标志，应先满足禁令、指示和警告标志的设置空间。《城市道路交通设施设计规范》(GB 50688—2011)规定：标志的设置应优先考虑交通法规和安全要求。从现有的规范可以看出，对于不同类型交通标志中，安全类的标志重要级别最高。

对于上述提出的Ⅰ，Ⅱ，Ⅲ，Ⅳ四类信息，建议与行车安全相关的Ⅱ类信息以及反应交通法规及安全管理的部分Ⅲ类信息应具有较高的级别，其次是Ⅰ类导向信息及部分Ⅲ类交通管理信息，最后是Ⅳ类交通服务类信息。

同一类型的信息之间也有重要程度差异，主要是针对导向信息(Ⅰ类)。上述在信息分层中也指出，道路信息及地点信息可以分为三个层次，这三个层次对于驾驶人来说在不同阶段其重要性不同。信息重要程度应根据道路等级、功能、实际道路交通状况以及驾驶人的需求程度综合确定。

梳理出重要信息后，在交通标志设置时，应优先将反映重要信息的交通标志设置在最先且最容易被驾驶人识别的位置，如对于单柱式类型，不同标志可根据重要度情况，按先上后下的顺序布置。对于某一具体交通标志版面中，当传达不同重要程度的信息时，应通过一定的版面设计优先反映重要性较高的信息。

5. 版面设计

版面设计主要是将标志所要反映的抽象信息通过具体的图形、文字符号等反映出来。需要在有限的版面空间内，将图形、符号、色彩文字等不同要素进行组合，达到合理安排，能够让驾驶人准确、快速识别。

版面设计应注重对重要信息的表达，可通过比例尺寸、色彩等方法将重要信息突出。

5.3　设置案例

完整标志系统设置需要考虑导向信息类、安全类、交通管理类及交通服务类等四种类型。其中，导向类型信息的设置难度最大，下文以广州金融城地下道路为例，重点论述导向类标志系统的设计。

5.3.1　项目概况

广州金融城起步区位于金融城整体规划范围中部，规划范围西起科韵路、东至车陂路、北起黄埔大道、南至珠江，总用地面积约为 1.3 km^2。起步区位位于广州市中心城区东部，珠江黄金水道北岸，紧邻珠江新城中央商务区，通过轨道交通能够快速通达广州白云国际机场和广州南站，便捷连接国内、国际。广州国际金融城与珠江新城、琶洲国际会展中心采取功能互补发展、交通强化互动，使之形成功能复合、能级强化广州市域强驱动中心。进一步提升广州国际金融城的辐射能力。以国际视野，按照“低碳经济、智慧城市、幸福生活”的新型城市化的发展要求，立足广州，依托珠三角，面向东南亚，将广州国际金融城起步区打造成为“新型城市化最佳实践区、国内领先的金融集聚区、岭南特色的中央活力区、国际一流的生态理想城”。

翠岛、方城地下环路以及周边地下道路彼此连通，形成了一个高度复杂的地下路网(图 5-2)，有效的交通指引系统设置必将关系到未来地下道路网能否成功、高效、安全地运营。未来如何让道路使用者更好地适应这种复杂地下路网的行车状况，快速、准确、安全地到达目的地，需要完善的交通指引系统。

▲ 图 5-2　地下道路平面布置

5.3.2　设计目标与对象

针对金融城“金融、智慧、岭南、绿色”的特色，以及其综合、复杂的地下道路系统，初步设计方案提出建立“层次分明、高效便捷、安全可靠、绿色智慧”的交通指引系统。

进入金融城起步区的车辆大致可分为通勤车辆、访客车辆、出租车辆、公交车辆等。不同对象对交通指路标志的依赖程度不同。

(1) 访客车辆不经常出入，对地下道路内部路况不熟悉，对交通指路标志的依赖程度最高。

(2) 通勤车辆、出租车辆出入相比访客车辆次数要多，对交通指路标志的依赖程度略小于访客车辆。

(3) 公交车辆有固定的行驶路线，对交通指路标志的依赖程度最小。

对指路标志的依赖性从大到小顺序为：访客车辆＞通勤车辆、出租车辆＞公交车辆。因此，本书以不熟悉路网的访客车辆作为设计对象最为合适。

5.3.3 信息需求分析

首先开展基本资料的收集，以不熟悉地下车库联络道的驾驶人为设计服务对象，并进一步将驾驶人分为驶入和驶出两种类型。

根据不同交通流线、交通组织管理要求，开展驾驶人的信息需求分析，不同类型的驾驶人全过程的信息需求情况如表 5-2 所列。

表 5-2 驾驶人进出地下车库联络道的信息需求

设计对象	交通流线	所经主要区域	所需信息
驶入驾驶人	地面道路—地块车库	地下车库联络道入口附近区域	地下车库联络道的入口引导信息、距离提示信息等
		地下车库联络道入口前	(1) 地下联络道的总体信息，包括地下总体布置走向、与地面道路衔接的出入口、与之衔接的各地块车库名称、接入位置等引导类型信息； (2) 反映地下车库联络道内部交通状态、地块车库空车位数量等交通服务信息
		地下车库联络道内部	(1) 对各地块车库的引导，对通往地面道路的各出入口的信息引导； (2) 各地块车库空车位数量等交通服务信息
		车库入口附近及入口前	(1) 当前车库入口引导、车库确认等信息； (2) 当前地块车库空车位数量等交通服务信息
驶出驾驶人	地块车库—地面道路	车库出口前	(1) 地下联络道的总体信息，包括整体布置走向、与地面道路衔接的出入口； (2) 各地面道路出口所通向的更高层级的区域信息； (3) 反映地下车库联络道内部交通状态交通服务信息
		地下车库联络道内部	(1) 对各地块车库的引导，对通往地面道路的各出入口信息引导； (2) 各地块车库空车位数量等交通服务信息
		地下车库出联络道出口前	出口地面道路的名称、更高层级的区域导向信息

针对金融城区域，在信息需求分析时，分别针对从外围路网驶入翠岛、方城，或从翠岛、方城驶出，进入外围路网这两种情况，在不同的节点，驾驶人寻找目的地所需要的信息不同，如图 5-3 所示。

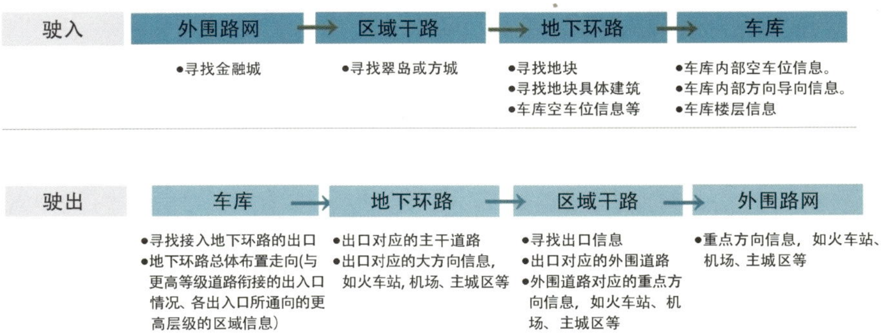

▲ 图 5-3 信息需求分析

5.3.4 综合设置

1. 信息分层与标志点位布置

地下车库联络道的总体交通流线为“地上道路—地下车库联络道—地块车库”的驶入流线与“地块车库—地下车库联络道—地上道路”的驶出流线。

标志点位规划布置应针对不同交通流线，结合驾驶人信息需求，合理布置标志的空间位置，引导驾驶人准确、快速到达目的地。

为提高指引效率，达到由远到近、由大到小的指引，必须对不同地点的信息按所处的区域大小和之间的关系进行分层。本区域根据引导需要，分为四层，如图 5-4 所示。其中驶入流线指路信息分层见表 5-3，驶出流线指路信息分层见表 5-4。

表 5-3 驶入流线指路信息分层

信息等级	引导目的地名称	作用范围
第一级	金融城	外围
第二级	翠岛、方城	金融城内部
第三级	地块	金融城内部
第四级	车库	金融城内部

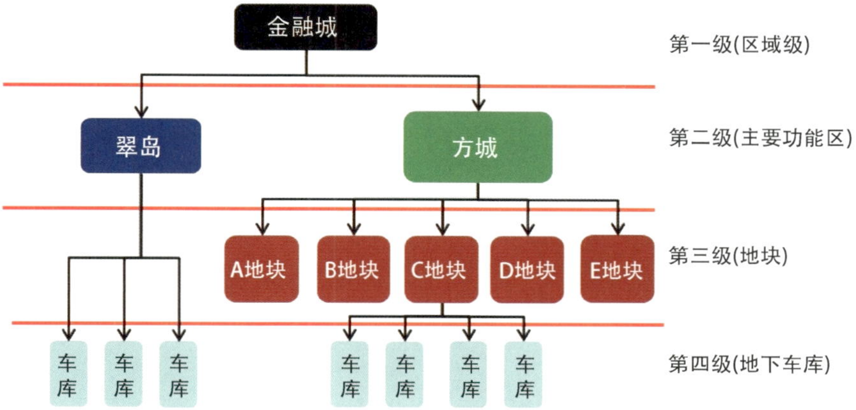

▲ 图 5-4 区域信息分层

表 5-4 驶出流线指路信息分层

信息等级	引导目的地名称	作用范围
第一级	市区方向、火车站、机场等重要地点；华南快速干线、黄埔大道、东环高速等快速路	外围
第二级	临江大道、花城大道、科韵路、车陂路以及地面次干道等	金融城内部
第三级	地下环路	地下环路内部
第四级	地块车库出口	地下车库内部

1）第一级信息范围与标志位置

第一级信息：广州国际金融城。

设置范围：市区及其周边。

设置位置：城市快速路、主干路等骨干道路的关键交叉口和互通立交枢纽位置，包括外围入城高快速道路、东西向的广园快速路、中山大道、黄埔大道、临江大道、阅江西路、新港东路、新滘路，南北向的广州大道、体育西路、天河东路、科韵路、车陂路等。

图 5-5 为第一级信息标志点位位置分布示意图，图 5-6、图 5-7 为设置效果。

▲ 图 5-5　第一级信息标志点位位置分布示意

▲ 图 5-6　第一级信息标志设置效果(广园快速路)

2）第二级信息范围与位置

第二级信息：翠岛和方城。

设置范围：主要在金融城周边区域。

▲ 图 5-7 第一级信息标志设置效果(黄埔大道)

设置位置：结合入口的主要交通流线，在 1 km 范围内的主要地面交叉口，对进入翠岛和方城的不同入口进行引导。

图 5-8 为第二级信息标志点位位置分布示意图，图 5-9、图 5-10 为设置效果。

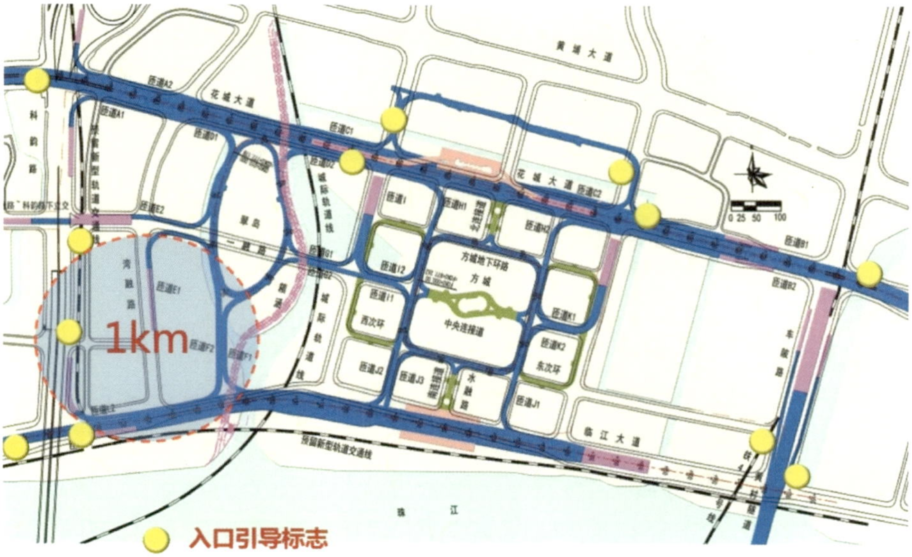

▲ 图 5-8 第二级信息标志点位位置分布示意

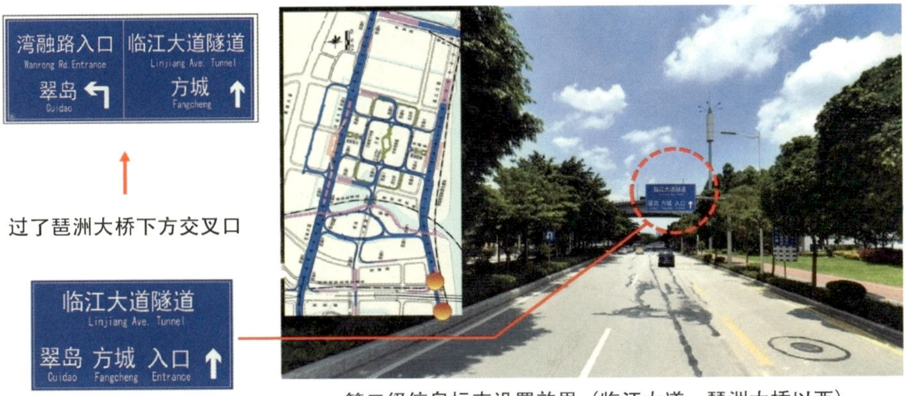

第二级信息标志设置效果（临江大道—琶洲大桥以西）

▲ 图 5-9　第二级信息标志设置效果(临江大道—琶洲大桥以西)

▲ 图 5-10　第二级信息标志设置效果(车陂路)

驾驶人由周边区域通过引导标志到达地下车库联络道入口。在进入前，无法获知地下道路的整体情况，通常会对地下道路环境充满疑惑，对目标地下车库的位置也无法准确定位，此外，通常还想了解目标地下车库的停车空位等情况。在这种情况下，地下车库联络道入口前设置说明标志，以满足驾驶人的心理需求，实现地面与地下信息的衔接。标志设置于入口段，如图5-11 所示。

每个入口处设置的总体信息标志应包含“地下车库联络道整体布置走向、

与地面道路衔接的出入口、与之衔接的各地块车库名称、接入位置，每个地块车库空车位数量”等，如图 5-12 所示。

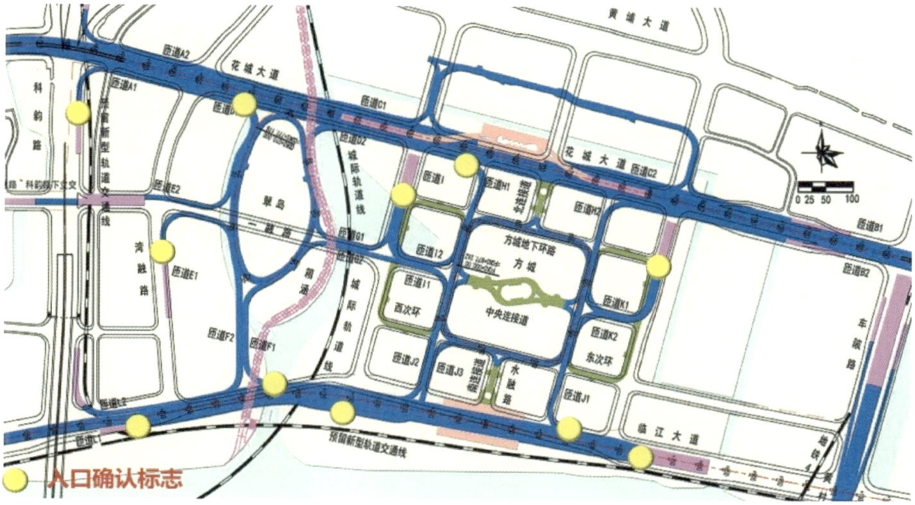

▲ 图 5-11　入口确认标志的点位布置

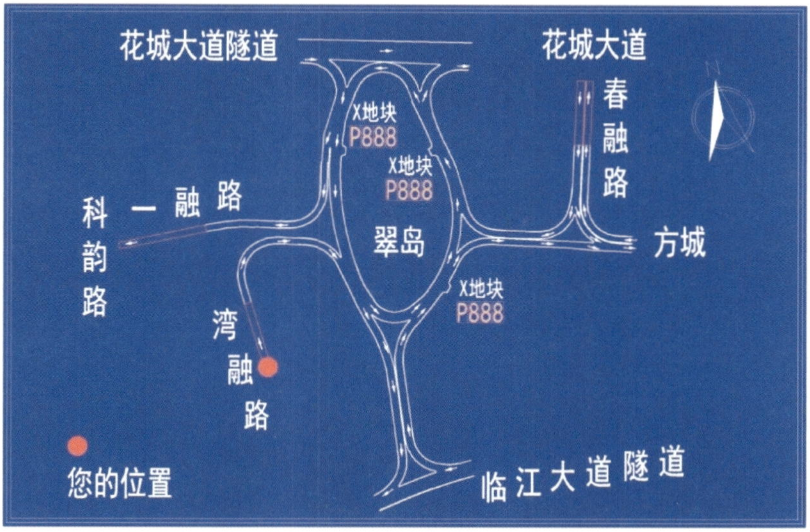

▲ 图 5-12　翠岛入口确认标志示意

3）第三、四级信息设置范围与位置

驾驶人进入地下车库联络道后，需要寻找目标地块地下车库的入口，或从联络道驶出，返回地面道路。因此，在联络道内，需设置对地块车库及地面道路的出口引导的标志系统。此外，各地块车库空车位数量等交通服务信息也是需要反映的重要内容。

第三级信息：方城根据主次环分 A 区、B 区、C 区，如图 5-13 所示。

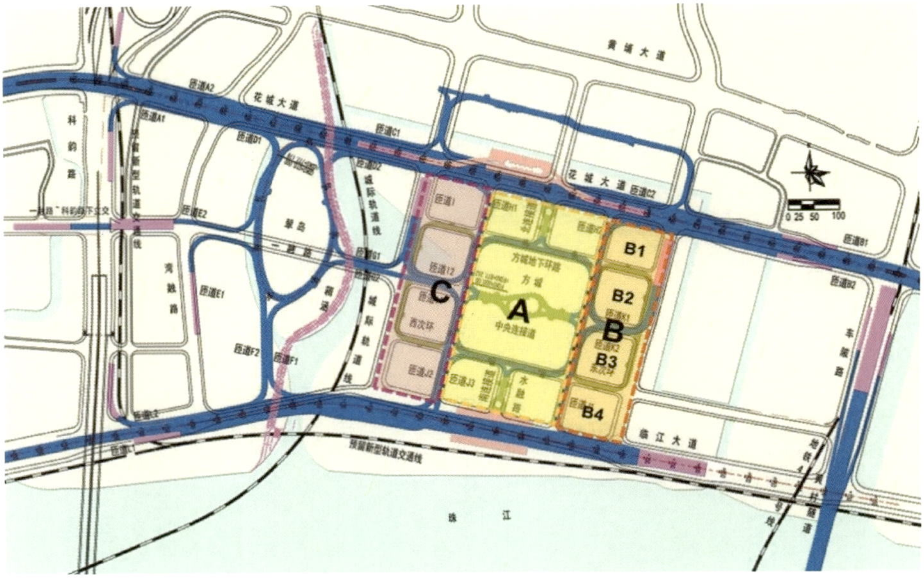

▲ **图 5-13　区域分区分级**

第四级信息：具体地块车库，A1，A2，A3……

设置范围：金融城内部区域。

设置位置：地下道路内部，对出入口进行多级预告。

图 5-14 为第三、四级信息标志点位位置分布示意，图 5-15 为信息设置示例。

2. 多级预告

由于地下车库联络到一般接入的地块车库数量较多，且接地面道路的出口也较多，指引信息量较大。因此，有必要对这些指引信息进行分级预告。

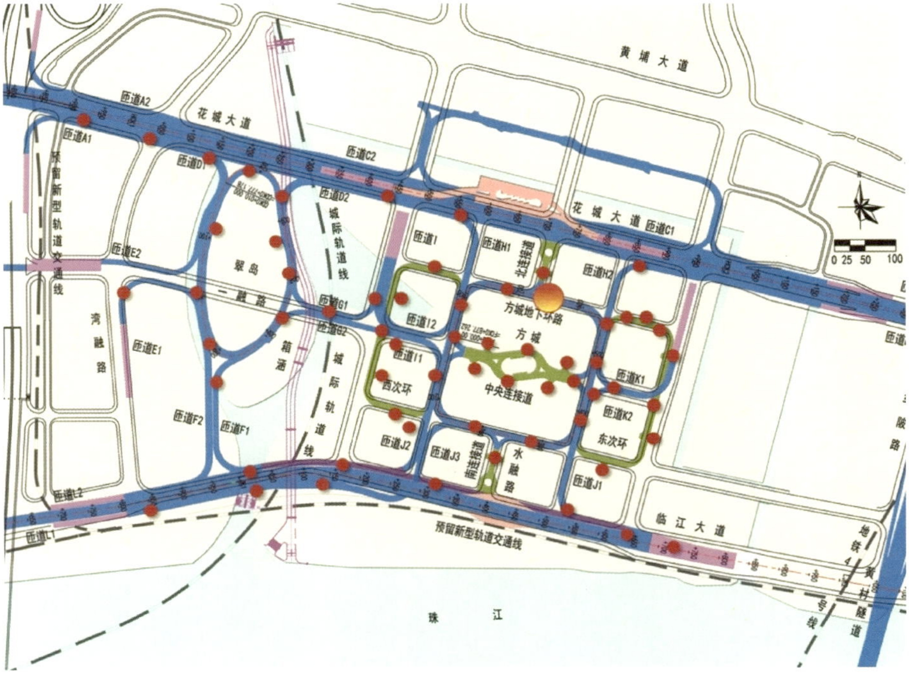

▲ 图 5-14 第三、四级信息标志点位位置分布示意

▲ 图 5-15 第三、四级信息设置示例

对于地块车库入口的引导，根据地块车库的重要性可分为一般地块和重要地块。一般地块车库采用二级预告引导结合入口确认，重要地块车库采用三级预告引导结合入口确认。预告标志分别距离分流鼻端 30 m、60～100 m，具体距离视出入口间距调整。图 5-16 为多级预告标志示意。

▲ 图 5-16　多级预告标志

5.3.5　标志版面优化设计

全面的信息需求分析、系统点位规划布置是提高地下道路交通指引系统设置效果的有效途径。在此基础上，清晰、简洁、易懂的标志版面设计也是提高设置效率的重要手段，针对地下车库联络道的特点，提出了“功能分区、出口编号”以及“版面功能划分、颜色区分”等版面优化设计方法。

1. 功能分区、出口编号

地下车库联络道出入口多，为方便驾驶人对地块和地面出口的记忆，可对整个区域的地块进行功能分区，并采用标准化编号方法对出入口进行排序。

区域分层，形成逐级引导。驾驶人只需了解目标地块车库位于的大区域，然后，顺着行车方向即可找到目标位置。若接入地块车库的出入口不多，可以不必进行区域划分，直接进行出口编号即可。

为区分地块的出入口与地面道路的出口，地面道路出口可直接采用数字编号。

2. 功能划分，对地块车库与地面道路出口采用不同颜色区分

色彩是交通标志版面设计的重要构成元素，很多研究表明标志的色彩在驾驶人的认知中更为重要，合理的颜色设置会使驾驶人更容易识别和理解标志。

为能够让驾驶人在行驶中快速识别区分地下车库联络道的地块车库和地面道路出口，在标志版面设计时，宜对这两类出入口采用不同色彩进行区分，如图 5-17 所示。

▲ **图 5-17　标志版面色彩区分**

当地块入口引导与地面道路出口的引导信息布置在同一标志版面上时，应对版面进行功能划分，不同类型的出口引导信息设置不同的色彩。指向市政道路的出口标志采用蓝底白字，与地面道路一致；指向地块的标志采用绿底白字；驾驶人通过色彩即可快速辨别不同类型出口。

3. 隧道内饰色彩区分

对区域内不同地下设施采用不同颜色内装饰，增强区分和加强引导；同时各类地下道路内装饰顶端也采用岭南回纹，形成了金融城地下道路系统独具岭南特色的标志。图 5-18 为侧墙色彩分区。

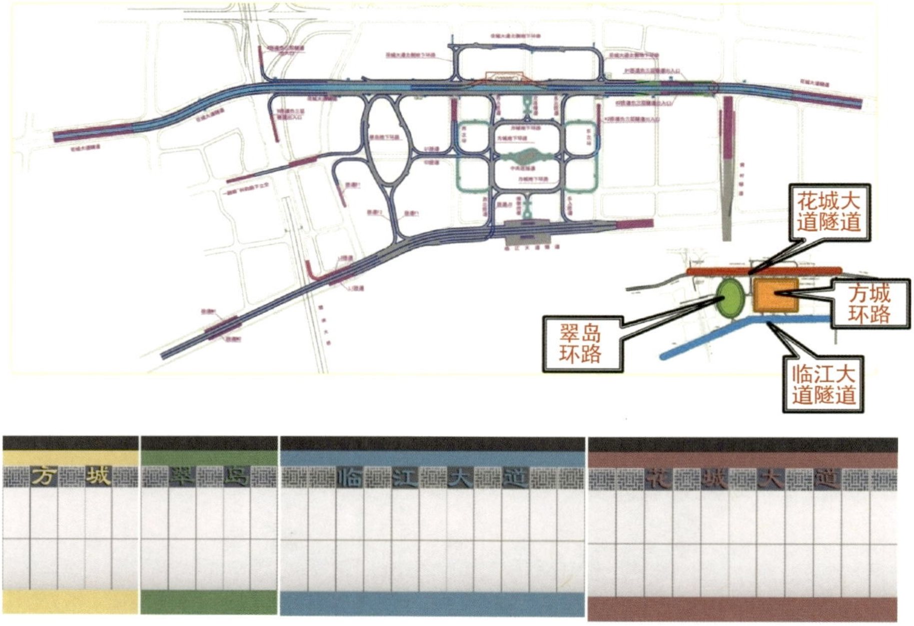

▲ **图 5-18　侧墙色彩分区**

4. 标志材料优化

光电标志应用增加了可视性，因此可缩小常规版面尺寸。综合考虑节能与可靠性，推荐主动发光与被动反光相结合新型标志，内部光源采用 LED，绿色节能环保；发生电源故障后靠反光膜依然可视性好、可靠性高。不同标志效果对比如图 5-19 所示。

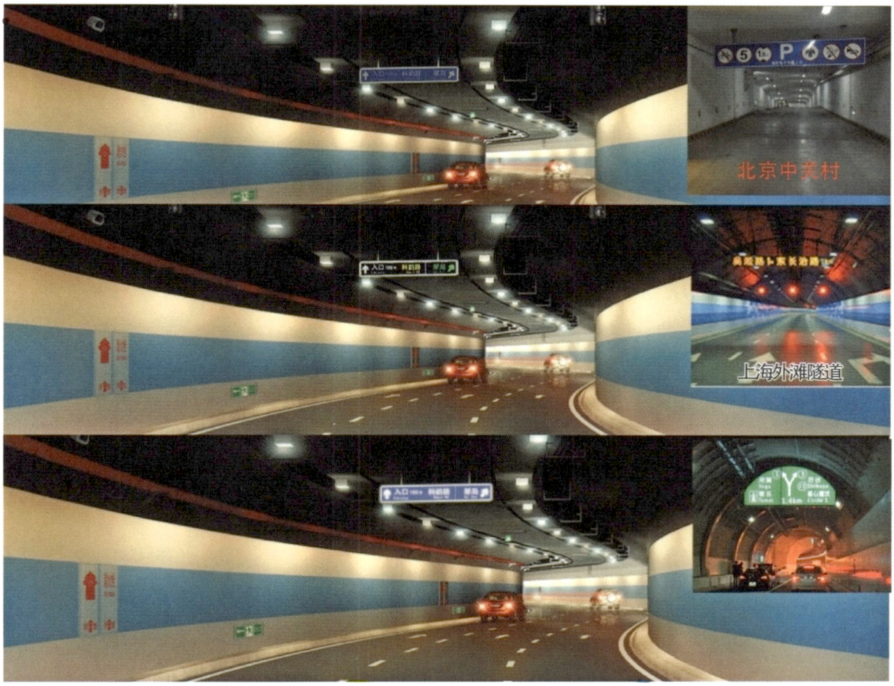

▲ 图 5-19 不同标志效果对比

5.4 基于驾驶模拟仿真的地下指路标志系统设置评估研究

5.4.1 基本流程

随着虚拟现实技术和计算机性能快速提升，驾驶模拟技术凭借其良好的可重复性、高仿真性、安全性、可控性在交通安全领域得到越来越多的重视和应用。利用驾驶模拟可获取在实际车辆运行中难以得到的数据，从而对实验环境进行控制，开展有效的针对性研究。

由于利用现有地下道路进行实验具有一定的危险性，并且实验受场地与时间限制，因此可以采用驾驶模拟器进行实验。实验前，先在驾驶模拟器中构建驾驶模拟仿真模型；实验中，测试者仅根据诱导设施进行判断，驶往指定目的地。驾驶过程中采集测试者操作行为、视觉行为、车辆的横向与纵向运动状态相关数据进行分析，建立诱导效果评价指标体系，从而对现行设计方案进行诱导效果评价，或对不同设计方案进行诱导效果比选。

5.4.2 仿真模型构建

首先将实验段道路模型文件导入 Scanner 软件。道路模型文件可以是道路 BIM 模型，也可以自行建立三维模型并根据不同的诱导方案进行材质贴图。由于导入道路三维模型只能提供视觉环境，而 Scanner 软件不能自动将其识别为物理边界，因而需要依据导入的道路模型在模拟器中建立路面的逻辑层，以供车辆在其上行驶。

在驾驶模拟器中，利用软件将现实的场景仿真模拟出来，其主要目的是为测试者提供模拟驾驶环境，使得测试者在驾驶操作过程中能够获得真实的行车感觉。因此驾驶模拟器的真实性与实验场景息息相关，若测试者在驾驶过程中感到实验场景与真实场景相差太大，则将大大降低实验结果的有效性。因此实验前期需投入较多的时间和精力建立并不断调整场景，以提高其可信度。

本书以上海北横通道为例，北横通道是上海"三纵三横"交通网络的重要组成部分，是横跨上海东西的重要通道。实验以北横通道地下段作为行车背景，需根据不同诱导设计方案建立 4 个不同驾驶模拟场景，对驾驶人在不同诱导环境中的驾驶行为、诱导效果和心理生理变化进行研究。

根据北横通道 AutoCAD 设计图建立三维模型，并根据不同的诱导方案分别进行材质贴图，完成后将 fbx 格式模型文件导入 SCANeR Studio™软件，如图 5-20 所示。

由于该模型文件仅提供视觉环境，若想通过 SCANeR 进行仿真模拟，还需绘制路面逻辑层以供车辆行驶，如图 5-21 所示。逻辑层的绘制通过 SCANeR Studio™软件中的 terrain 界面，为使模拟行车更为平稳，逻辑层需与模型文件尽量完全贴合。首先进行横断面绘制，输入逻辑层横断面参数，进行车道数、车道宽度以及行车方向的设置，然后根据纵断面高程数据进行反复调整，使其与道路模型中心线在平面线形及纵断面均能完全重合。

在道路场景设计完成以后，再在 scenario 界面中设置车辆驾驶等相关参数。本书暂未考虑交通流影响，研究对单一车辆单一驾驶人个体情况进行分

▲ 图 5-20　北横通道 fbx 模型

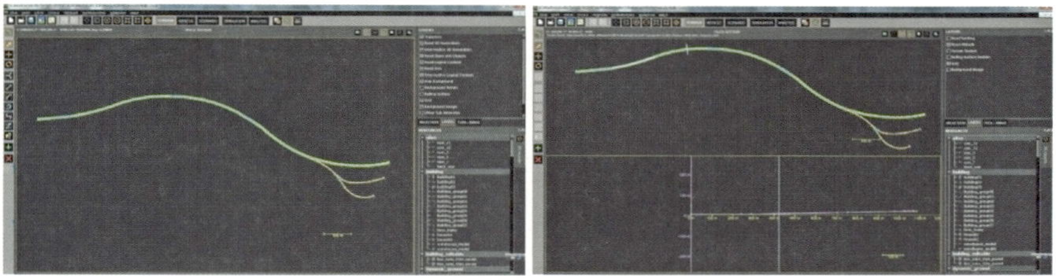

▲ 图 5-21　道路场景逻辑层构建

析。故场景中仅设置一辆普通小汽车，将其参数定义为“MODELHANDLER”，即需人为驾驶，如图 5-22 所示。

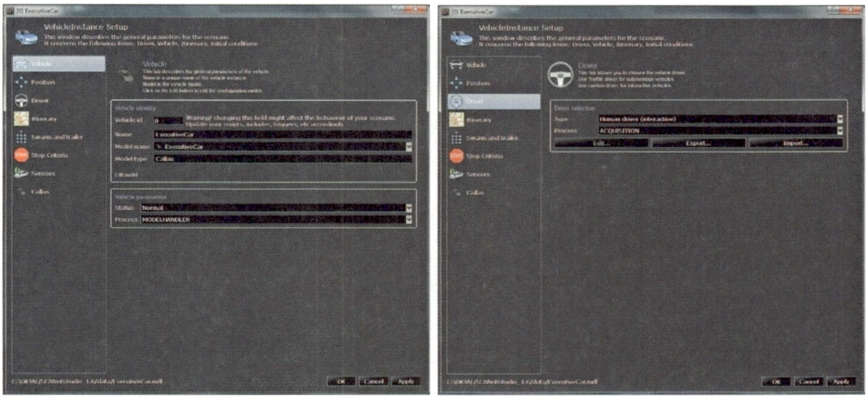

▲ 图 5-22　道路场景车辆设置

对每个方案进行设置，最终保存为 4 个模拟场景，在 simulation 界面中可对场景进行仿真，最终建立的模拟场景效果如图 5-23 和图 5-24 所示。

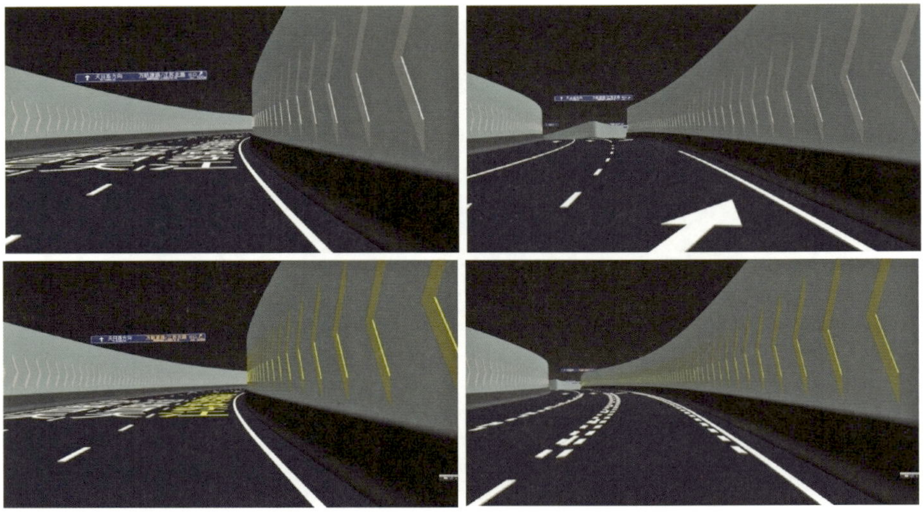

▲ 图 5-23　模拟场景效果测试者视角

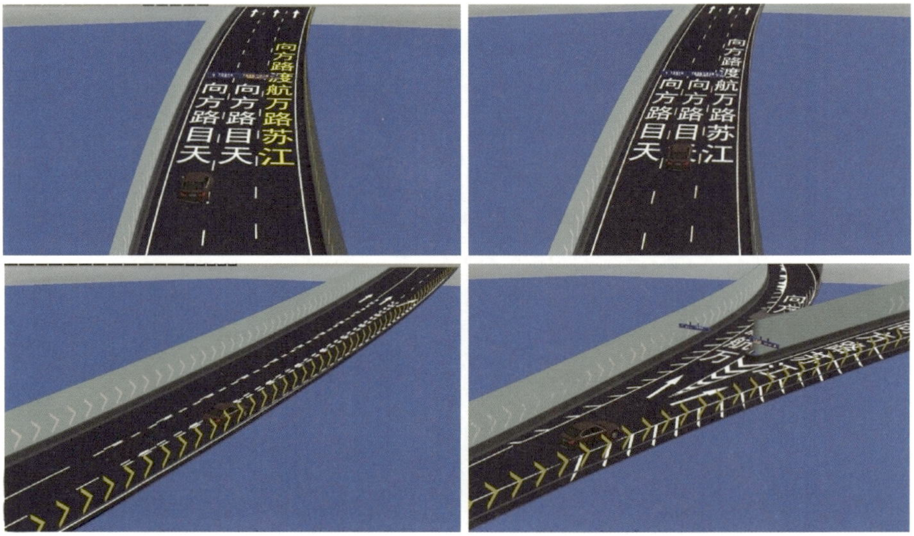

▲ 图 5-24　模拟场景效果俯视图

5.4.3 驾驶模拟实验设计

1. 调查问卷设计

本书需通过驾驶模拟实验对城市地下道路分合流区综合诱导设计方案的诱导效果进行评估比选。

诱导效果是相对模糊的概念，很难用单一指标去定义。从交通诱导过程来考虑，在地下道路行驶中，一般测试者需经历发现诱导消息、消化后获取到诱导信息和成功利用诱导信息三个过程，其中除了车辆相关运行状态数据可直接从SCANeR Studio™软件获取外，还涉及测试者主观评价，该部分信息需通过调查问卷来收集。

本次实验设计调查问卷包括实验前测试者的基本信息调查表和实验后测试者的反馈问卷。

测试者基本信息调查表主要记录了测试者基本信息情况，包括测试者年龄、性别、驾照类型、驾龄、职业、身体健康状况等以及与测试者以往驾驶经历相关的信息（如驾驶偏好），此外还需记录指定目的地。

实验后测试者反馈问卷主要调查测试者对驾驶模拟器的真实性感知度以及在实验过程中测试者的驾驶感受和对所获取诱导信息的反馈，主要包含诱导信息视认情况、是否顺利选择出口以及对不同诱导设计方案的实际感受。

2. 实验方案设计

1）实验设备

实验设备包括心率表、方向盘、驾驶模拟座椅、显示器屏幕和 SCANeR Studio™软件等。心率表如图 5-25 所示，型号为 Prince-100H，原本用于医学相关方面，可用来测量患者的心率和血氧浓度。在本试验中该仪器用来测量测试者的心率值，研究测试者心理紧张程度，记录数据为每 1 s 的平均心率值血氧浓度。

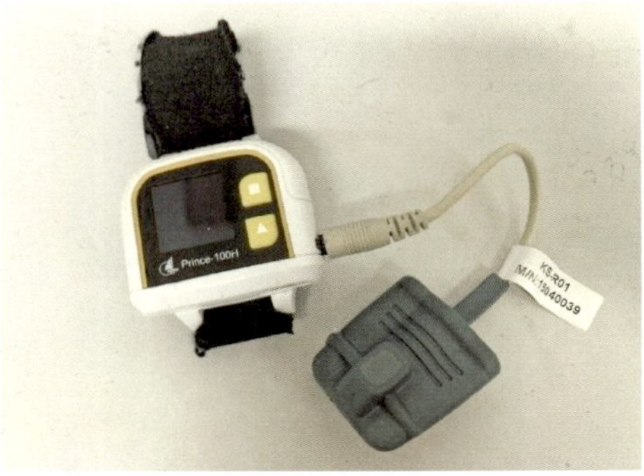

▲ 图 5-25 Prince-100H 心率表

驾驶模拟环境由罗技 G27 方向盘、驾驶模拟座椅和 3 块海尔电视机屏幕构成，如图 5-26 所示。3 块屏幕提供的视觉范围更广，可营造出更真实、更立体的驾驶感受，后视镜和仪表盘也设置在内。

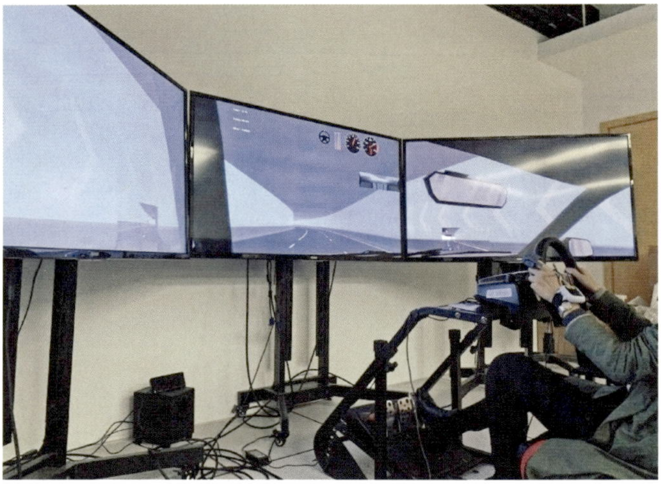

▲ 图 5-26　驾驶模拟环境

2）实验人员

实验数据质量直接影响实验结果的可靠性，因此选择合适的实验人员进行模拟测试实验是十分关键的。最终本次实验样本数量确定为 20 人。

10 名男性和 10 名女性。测试者年龄范围为 20～40 岁，且所有实验人员拥有 2 年以上的驾龄，矫正视力均达到 0.8，实验时精神状态良好，无重大病史，无影响实验结果的生理、心理疾病以及不良嗜好，以保证测试者娴熟的驾驶技术及良好的身体素质，测试者情况分布如图 5-27 所示。

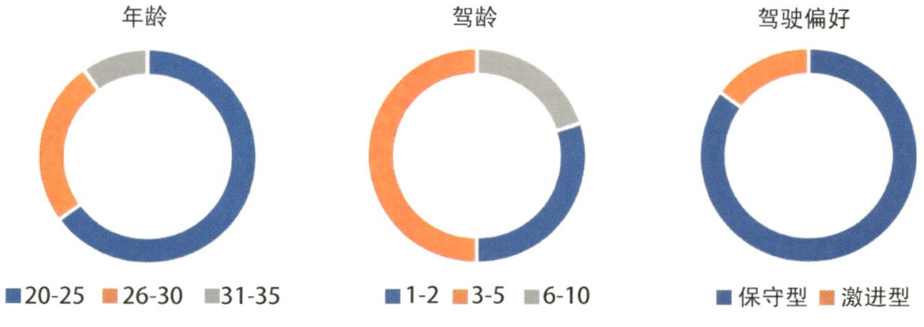

▲ 图 5-27　实验人员情况

3）实验流程

（1）实验准备，首先确定心率表和驾驶模拟器能正常使用，将驾驶模拟座椅、显示器屏幕和方向盘连接设置完成，并将测试者的座位调整到合适位置。

（2）在实验前，让测试者了解实验过程，告知并解释清楚何时需做出反应记录数据，并确认测试者正确理解规则，保证实验顺利进行。

（3）还需由比较熟练的操作人员进行调试，确保设备正常工作，再由测试者开始实验。

（4）让测试者在另一模型上进行模拟驾驶。驾驶期间有意识地加速、减速、变道、转弯，直至测试者熟悉本驾驶模拟设备，可熟练驾驶。

（5）正式实验。先安排测试者坐稳坐正，然后给测试者安排模拟实验的目的地，让其根据驾驶模拟地下道路环境中的驾驶诱导设施进行判断与操作，驶向目的地。驾驶过程中，初始车道均为最左侧车道。测试者第一次发现标志或标线时按下方向盘上的按钮（只要被认为是诱导信息即可），第一次判断出自己所需要的方向时再按一次方向盘按钮。每次实验结束后，测试者立即填写诱导效果评价问卷 1～4 题，4 次实验全部结束后填写 5～8 题。当记录数据有缺失或因视频卡顿等引起数据异常时，需重新测试。

4）实验顺序

每个测试者都需进行 4 个模拟场景的实验，考虑到在相同道路场景多次实验后测试者会产生熟悉感，可能会提高测试者的判断速度，从而没法说明实验结果的不同是因为更熟悉还是因为诱导效果更好。因此在确定每个测试者 4 个场景的实验顺序时，采用随机分配的方法，后续分析数据时对每个方案所有测试者的整体数据进行分析，以尽可能抵消因实验场景先后安排带来的误差。

此外，每个场景都有 3 个目的地供选择，分别是天目路、万航渡路和江苏北路。将 3 个目的地平均赋予 20 个测试者，考虑到性别因素，男女测试者各目的地的实验数据量应一致，且 3 个目的地中去往江苏北路所需的操作相对更为复杂，故安排 10 男 10 女的目的地配置均为 3 个天目路、3 个万航渡路和 4 个江苏北路。同时，当实验样本量不够大时，完全分析统计学结论不太可靠，分析个体行为可能更好，且重点是对比 4 个模型方案，而不是出口选择，保证每个模型方案中各性别组成、目的地组成一样即可。因此确定同一测试者的 4 次实验为同一个方向，具体安排如图 5-28 所示，随机数根据 Matlab 中的 randperm 函数生成。

	A	B	C	D	E	F	G	H
1	驾驶员编号	姓名	性别	方案编号				目的地（A.天目路，B.万航渡路，C.江苏路）
2	1			2	3	4	1	A
3	2			3	1	2	4	A
4	3			4	2	3	1	A
5	4			1	3	2	4	B
6	5		男	2	1	3	4	B
7	6			4	1	3	2	B
8	7			4	2	1	3	C
9	8			2	3	1	4	C
10	9			4	2	1	3	C
11	10			2	1	3	4	C
12	11			1	3	2	4	A
13	12			3	4	1	2	A
14	13			3	2	4	1	A
15	14			4	2	3	1	B
16	15		女	2	3	4	1	B
17	16			4	3	1	2	B
18	17			1	4	2	3	C
19	18			2	4	1	3	C
20	19			1	2	4	3	C
21	20			1	4	3	2	C

▲ 图 5-28　驾驶模拟实验过程

5）数据采集与分析方法

实验结束后，操作人员可以通过 SCANeR Studio™ 软件编写脚本，在 Analysis 界面中直接选中数据变量两种方式将所需的实验研究关键变量从系统自动储存的数据库中挑选出来并另存为 csv 格式，以便进行下一步的数据处理及分析。SCANeR Studio™软件每 0.1 s 输出一次数据，心率表为每 1 s 输出一次数据。在实验开始前，操作人员进行心率表的数据存储设置即可将实验数据予以保存。

本书主要是分析不同诱导设计场景下驾驶人的操作反应行为及车辆运行数据，以此分析不同的诱导方案对驾驶过程及结果的影响，此外还需提取测试者心率数据探究驾驶人在不同场景下的心理生理变化。综合考虑需要收集的数据主要包括车辆轨迹、车辆运行状态、驾驶人主观评价和驾驶人生理心理状态等方面。其中驾驶人主观评价通过问卷调查完成，其他具体的变量如表 5-5 所列。

表 5-5　变量设置

数据分类	数据变量	SCANeR 记录字段
车辆轨迹	变道次数	根据 Lane ID 和视频回放读取
	分流区行驶时间/s	脚本编写记录

（续表）

数据分类	数据变量	SCANeR 记录字段
车辆运行状态	速度/($km \cdot h^{-1}$)	Speed
	加速度/($m \cdot s^{-2}$)	CoG Acceleration/X
	横向偏移/m	Road gap
	偏航角/(°)	Yaw % ground
	偏航角速度	Yaw speed
车辆操作数据	方向盘转角/(°)，rad	Steering at steering rack
	加速踏板/(daN)	脚本编写记录
测试者心理生理数据	心率/(次 $\cdot s^{-1}$)	—

实验采集数据采用 Statistical Product and Service Solutions（SPSS）数据分析软件和 Matlab 数学软件对其进行分析处理。通过 SPSS 可以方便地对变量进行基本的描述性统计、方差分析、相关性分析等统计分析；通过 Matlab 可以进行矩阵运算、绘制数据等。

5.4.4 地下道路驾驶视觉诱导效果评价指标体系

1. 地下道路综合诱导效果评价方法

综合评价通常通过定性或定量的方法，根据多个指标的数据进行提炼加工，对系统进行优劣分级。目前国内外常用的综合评价方法，基本上可分为以下几类：智能化评价方法、数理统计法、运筹学和其他数学方法、经济分析法和专家评价法。

其中智能化评价方法主要指基于 BP 人工神经网络的评价方法，通过模拟人脑的智能化处理过程，被广泛地应用于评价城市综合发展水平。数理统计方法主要包括常见的主成分分析（Principal Component Analysis）、因子分析（Factor Analysis）、聚类分析（Cluster Analysis）和判别分析（Discriminant Analysis）等，主要特征是可对评价目标进行分类和分级。运筹学和其他数学方法中常用的有多目标决策方法（Multi Objective Decision Making，MODM）、层次分析方法（Analytic Hierarchy Process，AHP）、灰色综合评价方法（Gray

Comprehensive Evaluation，GCE)、模糊综合评价方法(Fuzzy Comprehension Evaluation，FCE)和数据包络分析方法(Data Envelopment Analysis，DEA)。经济分析法常用于经济领域的各种评价，在此不作赘述。专家评价法是定性评价法，以专家的知识、经验和判断为基准对评价对象做出总体评估。

通过阅读文献发现，层次分析法和模糊综合评价方法的组合已成为综合评价领域的热点研究对象，因其可拓展性，已被广泛应用于道路交通安全评价中。考虑到该方法可囊括多指标、多因素，且通过层次分析确定权重的计算较为方便，而对诱导效果的评价本身是模糊的，需要定量与定性相结合才更合理，故本书选择基于层次分析的模糊综合评价方法(AHP＋FCE)对地下道路分合流处综合诱导效果进行评价，使评价结果更加全面、更加科学。

2. 评价指标相关性分析

常用相关性分析有 Pearson 相关性分析、Spearman 相关性分析和 Kendall tau-b 相关性分析等。对于两个连续变量一般选择 Pearson 相关性分析，其相关系数取值范围为－1～1，相关系数越靠近两侧取值说明两变量之间的负相关或正相关性越强，相关系数越接近于零说明两变量之间越不相关。

将本书模拟实验中获得的纵向速度均值、纵向速度标准差、加速度均值、横向偏移均值、横向偏移标准差、分流区行驶时间、方向盘转角均值、方向盘转角标准差、变道次数、心率均值、心率标准差等车辆运行状态数据和测试者操作数据在 SPSS 中进行相关性分析，相关系数结果如表 5-6 所列。

相关系数在 0～±0.30 区间时认为属于微相关，将表格中不属于微相关的系数用蓝底标出，即剔除纵向速度均值、横向偏移均值、横向偏移标准差、方向盘转角标准差和心率标准差等。

最终地下道路分合流处综合诱导效果评价指标选取为纵向速度标准差、加速度均值、分流区行驶时间、方向盘转角均值、变道次数、心率均值等 6 类。

3. 评价体系层次结构

合理选择地下道路分合流处综合诱导效果评价指标体系具有重要的理论价值和现实意义。结合前文研究结果，运用层次分析法建立了评价指标体系如图 5-29 所示。目标层为城市地下道路分合流处综合诱导效果，准则层为车辆运行稳定性、驾驶稳定性和诱导效率。

表 5-6 各指标相关系数

相关系数	纵向速度均值	纵向速度标准差	加速度均值	横向偏移均值	横向偏移标准差	分流区行驶时间	方向盘转角均值	方向盘转角标准差	变道次数	心率均值	心率标准差
纵向速度均值	1										
纵向速度标准差	−0.236	1									
加速度均值	0.184	−0.244	1								
横向偏移均值	−0.010	−0.021	−0.173	1							
横向偏移标准差	0.378	0.153	−0.111	0.377	1						
分流区行驶时间	−0.972	0.183	−0.269	0.041	−0.336	1					
方向盘转角均值	−0.264	0.299	−0.102	−0.785	−0.298	0.176	1				
方向盘转角标准差	−0.107	0.429	−0.235	−0.388	0.019	0.057	0.556	1			
变道次数	−0.115	−0.158	0.109	−0.280	−0.166	0.125	0.096	0.107	1		
心率均值	0.169	−0.119	0.234	−0.103	0.304	−0.152	−0.045	0.273	−0.123	1	
心率标准差	−0.163	0.305	−0.222	0.213	0.223	0.191	0.104	0.008	0.175	0.198	1

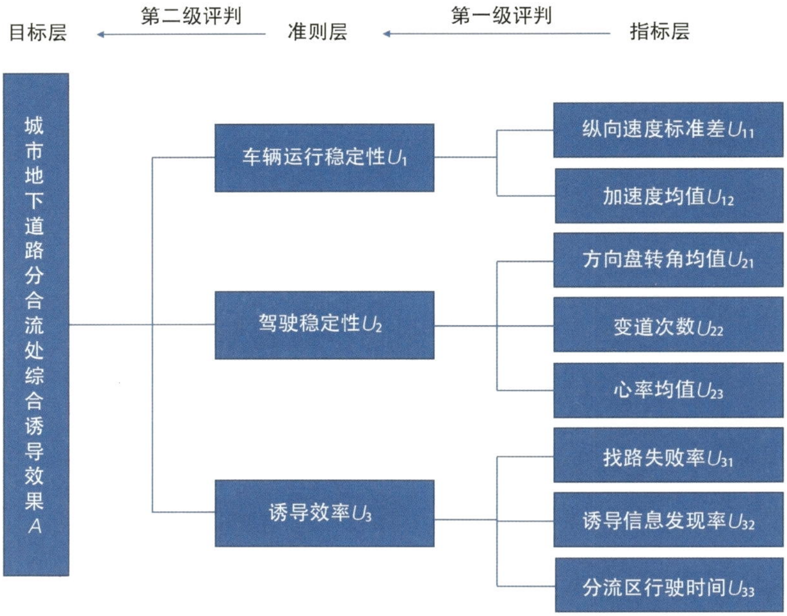

▲ **图 5-29　城市地下道路分合流处综合诱导效果评价指标体系**

4. 评价因素集与评语集

1）评价因素集

对城市地下道路分合流处综合诱导效果进行评价，设置评价对象的因素集 $A=\{$车辆运行稳定性 U_1，驾驶稳定性 U_2，诱导效率 $U_3\}$ 为目标层评价因素，其中 $A=U_1\cup U_2\cup U_3$ 且任意两个因素的交集为空。准则层评价因素集为：

$U_1=\{$纵向速度标准差 U_{11}，加速度均值 $U_{12}\}$

$U_2=\{$方向盘转角均值 U_{21}，变道次数 U_{22}，心率均值 $U_{23}\}$

$U_3=\{$找路失败率 U_{31}，诱导信息发现率 U_{32}，分流区行驶时间 $U_{33}\}$

2）评语集

模糊综合评价首先根据评价目标确定因素集，然后建立评语集，评语集是评价者根据一定的评价标准和评价目的对被评价对象可能做出的各种评价结果组成的评语等级的集合。如道路拥挤程度可用 $V=\{$十分拥堵，一般拥堵，不拥堵$\}$ 等。参考相关研究，城市地下道路分合流处综合诱导效果评语集确定为：

$V=\{V_1, V_2, V_3, V_4\}=\{$效果明显,效果一般,效果较差,效果很差$\}$

5. 评价指标权重确定

根据层次分析法确定权重的步骤,首先建立递阶层次结构如目标层、准则层和指标层,在前文中已建立完成。其次构造比较判断矩阵,进行两两比较,按相对重要性原则赋予相应权重。

判断矩阵的取值原则如下:当以一个层次中某个因素作为比较准则时,以比较标度 a_{ij} 来表达第 i 个因素与第 j 个因素的相对重要性,a_{ij} 一般取整数 1～9(称为标度)及其倒数,由 a_{ij} 组成的矩阵称为比较判断矩阵。a_{ij} 的取值规则如表 5-7 所列。

表 5-7 a_{ij} 取值规则

取值	说明
1	元素 i 与元素 j 相同重要
3	元素 i 比元素 j 略重要
5	元素 i 比元素 j 重要
7	元素 i 比元素 j 重要很多
9	元素 i 比元素 j 极其重要
$2n$, $n=1, 2, 3, 4$	元素 i 比元素 j 重要性介于 $2n-1$ 与 $2n+1$ 之间
倒数	与上述相反,元素 j 比元素 i 重要

在判断矩阵的取值方面,邀请从事驾驶安全研究的专家和驾驶经验丰富的驾驶人共 10 人对各比较判断矩阵进行标度,并结合本章的分析,经过统计计算构建本评价模型层次结构构造的第一级比较判断矩阵,如表 5-8—表 5-10 所列。

表 5-8 车辆运行稳定性比较判断矩阵

U_1	U_{11}	U_{12}
U_{11}	1	5
U_{12}	1/5	1

表 5-9 驾驶稳定性比较判断矩阵

U_2	U_{21}	U_{22}	U_{23}
U_{21}	1	1/7	1/3
U_{22}	7	1	5
U_{23}	3	1/5	1

表 5-10 诱导效率比较判断矩阵

U_3	U_{31}	U_{32}	U_{33}
U_{31}	1	6	7
U_{32}	1/6	1	3
U_{33}	1/7	1/3	1

第二级比较判断矩阵如表 5-11 所列。

表 5-11 第二级比较判断矩阵

A	U_1	U_2	U_3
U_1	1	1/4	1/6
U_2	4	1	1/4
U_3	6	4	1

理论上对比较判断矩阵的特征向量进行归一化处理即可得到各个指标的权重，但在人为判断的情况下，每次判断的思维标准必然带有主观性和片面性，很难做到完全一致。因此需对矩阵进行一致性检验，才能确定得到的权重值有效、可取。

一致性指标 CI(Consistency Index)：

$$CI = \frac{\lambda_{\max} - n}{n - 1} \tag{5-1}$$

式中，$\lambda_{\max}$ 矩阵的最大特征值，当 $n=1$, 2 时，判断矩阵必定一致，当 $n \geqslant 3$ 时计算一致性比例 CR：

$$CR = \frac{CI}{RI} \tag{5-2}$$

RI 的取值可通过查表得到，在本书的评价模型中，车辆运行稳定性比较判断矩阵满足一致性，驾驶稳定性和诱导效率的比较判断矩阵 n 为 3，对应的 RI 为 0.58，若 $CR < 0.1$ 认为矩阵的一致性可以接受。计算得到各比较判断矩阵的结果整理如表 5-12 所列，均小于 0.1，故通过一致性检验，说明比较判断矩阵可信，可对其计算权重。

表 5-12 一致性检验结果

比较判断矩阵	λ_{max}	CI	CR
U_2	3.064 9	0.032 45	0.055 9
U_3	3.099 9	0.049 95	0.086 1
A	3.107 8	0.053 90	0.092 9

对一、二级指标权重归一化处理后如下：

$$w_1 = (w_{11}, w_{12}) = (0.833\,3, 0.166\,7) \tag{5-3}$$

$$w_2 = (w_{21}, w_{22}, w_{23}) = (0.083\,3, 0.723\,5, 0.193\,2) \tag{5-4}$$

$$w_3 = (w_{31}, w_{32}, w_{33}) = (0.739\,4, 0.178\,8, 0.081\,8) \tag{5-5}$$

$$w = (w_1, w_2, w_3) = (0.085\,4, 0.243\,5, 0.671\,1) \tag{5-6}$$

但对于评价系统而言，除单一层级的权重外还需计算层次总排序的权重，作为完整的评价体系，故需将一、二级指标权重进行对应的加权处理，得到最终各指标的权重为

$$\begin{aligned} w' &= (w_{11}, w_{12}, w_{21}, w_{22}, w_{23}, w_{31}, w_{32}, w_{33}) \\ &= (0.071\,2, 0.014\,2, 0.020\,3, 0.176\,2, 0.047\,0, 0.496\,2, 0.120\,0, 0.054\,9) \end{aligned} \tag{5-7}$$

6. 综合评价模型建立

前文中通过驾驶模拟实验获取到了各指标的数据，根据单因素模糊判断方法建立模糊判断矩阵。单因素模糊判断方法是指从某个因素出发进行评价，来确定评价对象对评价集合 V 的隶属程度。对每个评价指标按照常用的正弦隶属度函数计算隶属度向量 (r_1, r_2, r_3, r_4)，最终 8 个评价指标的隶属度向量组成 8×4 的模糊关系矩阵 $\boldsymbol{R}$。

根据模糊理论，运用模糊矩阵的合成运算，得到综合评价模型 **B**，按最大隶属度原则可得出评价结果。**B** 为评价结果向量，反映了评价方案总体上对评语集中各模糊子集的隶属程度，数值越大代表隶属程度越高。“•”代表模糊合成算子，与矩阵相乘规则相同，仅需在最后将各计算值与 1 进行比较，取二者中较小值作为最终计算结果。

$$\begin{aligned} \boldsymbol{B} &= w' \cdot \boldsymbol{R} \\ &= (w_{11}, w_{12}, w_{21}, w_{22}, w_{23}, w_{31}, w_{32}, w_{33}) \cdot \begin{pmatrix} r_{11} & \cdots & r_{14} \\ \vdots & & \vdots \\ r_{81} & \cdots & r_{84} \end{pmatrix} \\ &= (b_1, b_2, b_3, b_4) \end{aligned} \tag{5-8}$$

7. 综合评价模型适用性验证

对不同诱导设计方案场景下的实验数据进行评价模型的适用性分析，以方案一为例，计算得到模糊关系矩阵如下：

$$\boldsymbol{R}_1 = \begin{pmatrix} 0.04 & 0.96 & 0 & 0 \\ 0 & 0 & 1.00 & 0 \\ 0 & 1 & 0 & 0 \\ 0.89 & 0.11 & 0 & 0 \\ 0 & 1 & 0 & 0 \\ 0 & 0 & 0.79 & 0.21 \\ 0.89 & 0.11 & 0 & 0 \\ 0 & 0.47 & 0.53 & 0 \end{pmatrix} \tag{5-9}$$

则方案一的综合评价模型结果为

$$\boldsymbol{B}_1 = w' \cdot \boldsymbol{R}_1 = (0.266\,5,\ 0.194\,0,\ 0.435\,3,\ 0.104\,2) \tag{5-10}$$

类似的，可求出方案二至方案四的结果如下：

$$\boldsymbol{B}_2 = (0.108\,0,\ 0.635\,5,\ 0.256\,5,\ 0) \tag{5-11}$$

$$\boldsymbol{B}_3 = (0.794\,3,\ 0.207\,5,\ 0,\ 0) \tag{5-12}$$

$$\boldsymbol{B}_4 = (0.290\,2,\ 0.461\,3,\ 0.248\,5,\ 0) \tag{5-13}$$

交通诱导方案设计方法如表 5-13—表 5-15 所列。

表 5-13 交通标志具体设计方法

类型		说明
交通标志	出口预告标志	主动发光型，大小按规范设计；在距离减速车道渐变段起点前 1 km，500 m，250 m 处设置；蓝底，字体颜色采用白色或不同方向信息用不同的颜色表示（出口方向黄色/前行方向白色）
	出口确认标志	分流点端部单独设置，采用悬挂式结构
	方向专用车道标志	蓝底白字，分流点后 60 m 设置

表 5-14 交通标线具体设计方法

类型		说明
交通标线	地面文字标记	字高 3.6 m，字宽 1.2 m，纵向间距 2.4 m（按公路 0.6 倍取）；在距离分流点 2 km，500 m 处设置
	道路出口标线	分流区所在平曲线段全部设置白实线，或距离交通标志牌 108 m 到距离三角区 84 m 处设虚线（两组对照）
	导向箭头	白色箭头，大小按规范设计；分别在距分流处 5 m、车道渐变段起始处、间隔 40 m 处设置 3 次
	侧墙标记	分流区采用三角形图案，间隔 15 m，两侧采用不同颜色代表不同方向（出口方向黄色/前行方向白色）
	车行道纵向减速标线（彩色）	在分流区上游虚线区段（距离交通标志牌 108 m 到距离三角区 84 m 处）设置；宽度从 10 cm 开始，沿行车方向渐变，最大为 30 cm；颜色按照方向与侧墙颜色一致，出口侧为黄色

表 5-15 四种综合诱导设计方案

类 型	方案一	方案二	方案三	方案四
出口确认标志	统一设置			
下一出口标志				
方向专用车道标志				
地面文字标记				
导向箭头				

（续表）

类　型	方案一	方案二	方案三	方案四
出口预告标志	字体颜色均为白色	字体颜色均为白色	字体颜色出口方向黄色/前行方向白色	字体颜色出口方向黄色/前行方向白色
侧墙	两侧均为白色三角形	两侧均为白色三角形	出口方向黄色/前行方向白色	出口方向黄色/前行方向白色
道路出口标线	分流区所在平曲线段全部设置白实线	距离交通标志牌108 m到距离三角区84 m处设虚线	距离交通标志牌108 m到距离三角区84 m处设虚线	距离交通标志牌108 m到距离三角区84 m处设虚线
车行道纵向减速标线（彩色）	不设	不设	不设	设

根据最大隶属度原则，综合诱导方案一的诱导效果较差，方案二的诱导效果一般，方案三的诱导效果明显，方案四诱导效果一般。

结合驾驶模拟实验结果分析，若在分合流处平曲线段设置白实线，会造成部分驾驶人不得已需要压实线变道或从错误方向离开地下道路的现象，诱导效果较差。色彩引导效果明显，可提前向驾驶人传递前方道路信息，为驾驶人的选择预留出更大空间。而在标线设置成虚实线结合，标志与侧墙设置成彩色共同诱导后，再设置视错觉减速标线会造成反效果，虽然车辆减速提高了安全性，但减速同时带来的是时间的消耗，对前后车辆的行车效率和安全性都存在安全隐患。而这一结论与测试者的感受与评分一致，因此可认为该评价模型是有效。

6　城市地下道路智能引导技术应用研究

6.1 概述

当前随着智能移动手机应用普及，手机导航应用越来越多，可以为驾驶人提供一体化连续交通引导。解决复杂地下道路系统交通指引问题，一方面需要清晰的指路交通标志，另一方面地面-地下连续导航系统也是重要手段。

传统导航依赖全球导航卫星系统（GNSS）以实现定位，由于 GNSS 卫星信号使用的频段为微波频段，其绕射和穿透能力弱，不能穿透较厚的山体或混凝土结构体，导致在地下道路环境中 GNSS 卫星信号缺失，无法实现对车辆的准确定位，导航软件在地下道路环境中无法正常应用。

采用智能化新技术实现地下道路车辆在无需额外硬件部署安装情况下的准确定位，并与现有的地图导航软件结合，实现地面-地下导航的无缝衔接，形成全新地下导航应用，可以有效提高地下道路交通引导。

针对国内外室内定位存在不足，以普通手机导航软件为集成，应用了基于射频测距、蓝牙测角等的多种定位技术，以实现地面-地下全过程定位与导航一体化，并以苏州中心为案例，搭建了实测试验环境，通过实车试验对系统应用功能进行验证，为地下道路交通指引提供了全新手段。

6.2 室内定位技术现状

6.2.1 行业背景

由于 GNSS 信号严重衰减和多径效应，通用基础定位设备（如 GPS）在室内或遮挡严重密集环境中难以实现精准定位，这使得室内定位技术发展备受关注。地下道路是室内定位特殊场景类型之一。

2012 年科技部《导航与位置服务科技发展“十二五”专项规划》中已提出突破以北斗为核心的多系统兼容互用、室内外协同实时精密定位、位置信息挖掘与智能服务等关键技术，2013 年科技部《室内外高精度定位导航白皮书》计划在大众位置服务、出行服务、物联网、智慧城市、应急救援等领域开展室内外协同实时精密定位应用示范。

6.2.2 室内定位原理介绍

室内位置解算分为终端侧解算和网络侧解算两种。其中，终端侧解算是指不经过网络传输，终端可直接解析其自身位置，室外以 GNSS 为代表，室内需定位信标发送其坐标位置信息。目前室内定位技术多以网络侧解算为主。

无线定位信号测量主要包括功率测量、时间测量和角度测量。功率测量包括三角定位和指纹定位，时间测量包括 TOA，UTDOA 和 OTDOA，角度测量包括 AoA 和 AoD。

目前全面支持智能手机的定位技术有以下三种。

1. WiFi 指纹

由于 WiFi 在家庭、旅馆、咖啡馆、机场、商场等各类大型或小型建筑物内的高度普及，利用 WiFi 指纹定位无需额外部署硬件设备，对于解决室内定位的问题，有成本低、可行性强的特点。WiFi 指纹定位系统将待检测的室内区域进行网格划分，收集每个网格内的 WiFi 信号强度信息来建立指纹库。提供定位服务时，根据移动端的实时信号强度，与已输入 WiFi 指纹数据库的网格信息相比对，来匹配测算位置信息，其准确性取决于已输入数据库的附近访问点的数量。

2. 蓝牙信标

蓝牙定位需要在区域内铺设蓝牙信标，采取三点定位原理，通过 RSSI 值的变化来判断用户距离信标设备的远近。如已知某距离(1 m)的 RSSI 值，那么大于该值则距离小于 1 m，小于该值则距离大于 1 m。通过部署多个基站，则可以通过与多个基站的相对距离来找到用户位置的大致区域。

3. 地磁

地磁技术运用始于对特定室内场所地磁数据的采集。定位时，通过手机端普遍集成的地磁传感器去收集室内的磁场数据，辨认室内环境里不同位置的磁场特征，从而匹配用户在空间中的相对位置。

WiFi 的场景感知能力受 IOS，Android 等智能系统限制，难以满足车载导航所需要的低延迟、高精度、高可用场景需求。蓝牙信标对安装密度要求高，信号稳定性差，定位更新率慢、精度较低，且常采用电池供电，基本每 1～2 年所有设备都需要更换一次。地磁定位存在静态情况下初定位难，且精度容易受金属和电子等物件的干扰。

常见室内定位技术主要特点分析见表6-1。

表6-1　常用室内定位技术汇总

定位技术	定位精准	覆盖范围	优点	缺点
蓝牙	2～10 m	1～20 m	功耗低、设备体积小、易部署	传输距离短、信号稳定性差、电池供电需频繁更换设备
WiFi	m	20～50 m	前期成本低、精度较高	受环境干扰、指纹采集工作量大、维护成本高
地磁	2 m	1～10 m	不需要额外设备	成本高、受环境干扰、指纹采集工作量大
视觉	mm～dm	1～10 m	环境依赖性低	成本较高、稳定性较低
超声波	cm	2～10 m	精度高、结构简单	多径效应、受环境温度影响、信号衰减明显
RFID	dm～m	1～50 m	精度高、体积小、成本低	距离短、无源标签无通信能力
超宽带	cm～m	1～50 m	穿透性强、精度高	成本高
惯性导航	1%	10～100 m	不依赖外部环境	存在累积误差
蜂窝网络	m	km	覆盖范围广，不需要额外设备	定位效果依赖基站密度
伪卫星	cm	10 m～1 km	精度高、覆盖范围广	成本高、需要额外设备

6.2.3　室内定位关键评价指标

不同室内定位技术特点和优势各不相同，也有各自局限性和适用性。因此在实际技术应用时需要一套定量化的评价体系，从定位精度、定位时延、并发容量等方面进行综合评估，同时兼顾设备成本、部署难度等问题。本书借鉴了中国移动通信《室内定位白皮书(2020)》中提出的多维度关键评估指标如下：

(1) 定位精度：是评价室内定位技术性能最重要的指标，是指定位系统计算得到的终端位置信息与其真实位置之间的接近程度，通常用二者之间的欧式距离表征。将不同定位精度定义如下：

① 厘米级定位精度：固定概率模型下，定位系统计算得到的位置信息准确度在 0.01～0.1 m；

② 分米级定位精度：固定概率模型下，定位系统计算得到的位置信息准确度在 0.1～1 m；

③ 米级定位精度：固定概率模型下，定位系统计算得到的位置信息准确度在 1～10 m。

(2) 定位时延：指从定位终端到达特定位置与定位平台稳定显示该终端位置的时间差，主要包括定位信号传输时延和平台解算时延。

(3) 并发容量：在单位时间内，在满足定位精度和定位时延性能的条件下，单个定位基站可以支持的定位终端数量。

(4) 同步性能：在定位系统中，为了提高定位精度，通常多采用多站联合定位，同步性能指多站定位中对基站时间同步要求。

(5) 单站距离：指特定定位精度下，单个定位基站覆盖距离。

(6) 功耗性能：指基站和定位终端在特定状态下耗电，包括在休眠状态、定位数据传输状态以及位置信息解算状态的耗电。

(7) 射频性能：指基站和定位终端的发射功率、测量精度、解调能力等射频能力满足应用要求。

6.3 城市地下道路环境车辆定位需求分析

地下道路对车辆定位需求主要集中在出隧道口的距离预告、分流出口预告引导、停车诱导以及智能辅助驾驶等方面。

(1) 出隧道口的距离提醒。针对长大隧道，长时间的地下道路行驶容易造成驾驶疲劳，驾驶人需要知道出洞口的距离。为缓解驾驶人焦虑，间隔提醒告知驾驶人与出隧道洞口之间的距离。

(2) 分流出口预告引导。通过定位导航服务，驾驶人可以在手机端提前了解实时位置与下一个出口的距离，便于提前变换车道，顺利驶出主路。便于驾驶人能够及时获取当前所处位置，结合地下道路的总体走向以及出入口分布状况，进行驾驶路径规划和导航，增强驾驶人在地下道路行驶的寻路能力。

(3) 地块停车诱导。对于地下车库联络道通常连接较多地块车库，车库多，出入口多，且位于地下，交通引导复杂。融合车辆的实时定位与当前的停车场空位信息，并提供最佳路径规划和引导，避免迷路绕路。

(4) 智能辅助驾驶。支撑各自动化程度的自动驾驶和辅助智能驾驶，如在地下道路弯道等危险路段起到交通状况预警作用，使驾驶人在进入弯道前就能了解到前方车道的车辆行驶信息，减速避免追尾等事故发生。在分合流出入口等复杂路段，有助于及时分流引导车辆，提高行车安全。

针对地下道路定位需求，总结地下道路定位功能指标要求如表 6-2 所列。

表 6-2　地下道路定位技术指标要求

关键功能描述	出隧道口的距离提醒	出口预告引导	停车诱导	智能辅助驾驶
定位精度	1～10 m	1～10 m	1～10 m	0.1 m
定位时延	1 s	1 s	1 s	1 ms
定位模式	主动	主动	主动	主动
定位成本	暂未明确	暂未明确	暂未明确	暂未明确
并发能力	无上限	无上限	无上限	无上限
其他设备要求	结合大众导航应用，不配置额外终端	结合大众导航应用，不配置额外终端	结合大众导航应用，不配置额外终端	可结合智能车载设备

与传统室内人行的定位需求和技术要求相比，主要技术挑战如下：

(1) 地下道路定位主要解决车行定位，运行速度高，范围 20～100 km/h，需要解决高速情况下定位信号丢失、定位精度降低、时延影响增大等技术问题。

(2) 地下道路交通流量大、特征复杂、干扰多以及交通拥堵等。

(3) 需要以现有普通智能手机终端为硬件基础，以现有成熟导航 App 为基础，车辆不安装额外车载设备，实现地下定位与导航。

(4) 需要实现地下道路内部信号与外部信号频繁切换，需要保证信号切换速度和定位平滑度。

6.4 系统总体方案

6.4.1 总体方案

通过地下道路内部安装射频矩阵定位基站来提供定位信号，结合集成室内外引擎大众导航应用 App，弥补了地下道路环境中精准定位空缺情况。总体方案如图 6-1 所示。

(1) 车辆驶入地下道路后，手机捕获到地下道路内部射频信号，手机导航 App 软件自动判断进入车辆地下环境，将定位信号从卫星信号切换至射频信号。

(2) 地下道路内部的射频矩阵基站单向发射信号，智能手机通过蓝牙接收到信号后，由手机导航 App 软件端加以处理并计算实时车辆位置，进一步形成路线规划、行车导航等应用。

(3) 射频矩阵基站通过 WiFi 或 4G 信号与基站管理云服务平台连接，上传基站设备状态信息及车流信息等数据，为运营管理提供应用支撑数据。

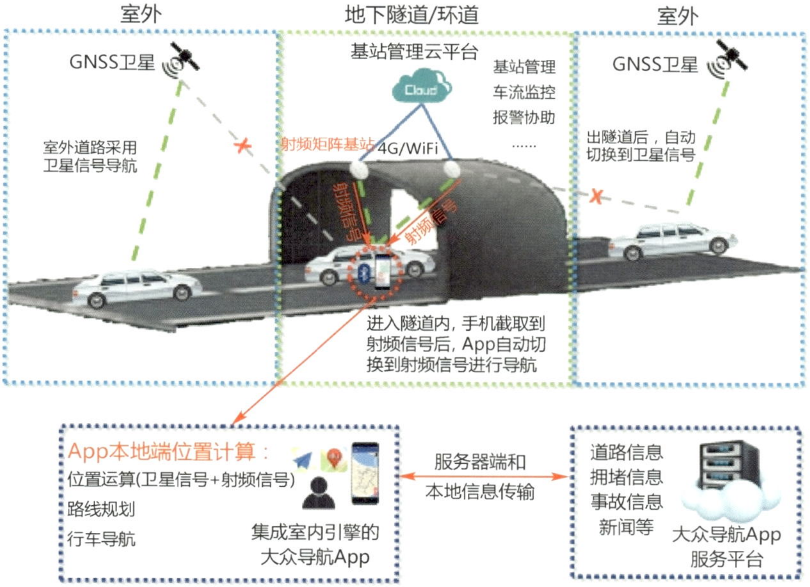

▲ 图 6-1 总体方案

6.4.2 系统平台架构

系统架构分为功能应用层、平台服务层及数据感知层。数据感知层采用射频测距、蓝牙测角等多种定位技术，通过多源融合定位算法及高精度地图将定位结果呈现给用户，提供地面、地下一体化车导航服务。

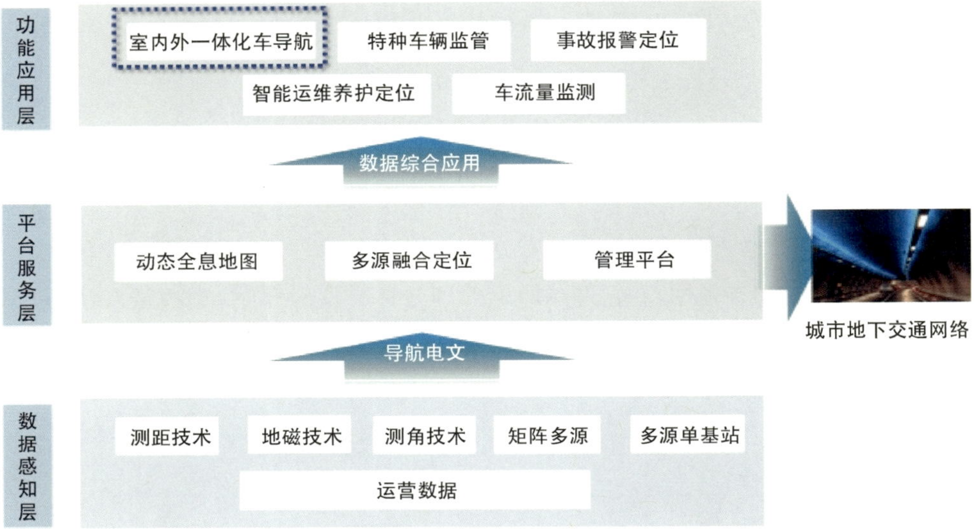

▲ 图 6-2　系统平台架构

6.4.3 系统功能

系统通过安装射频矩阵基站，利用蓝牙等信号提供定位导航服务，支持普通手机。导航精度优于 GPS/BDS，延时小于 1 s，支持速度 40～80 km/h。同时，低功耗蓝牙微基站理论上无定位用户数量规模的限制。

该系统适用于长大隧道、地下环路等场景，提供地面-地下无缝衔接行车导航和路线规划服务。未来功能可以进一步拓展，基于配套管理平台可实现特种车辆监管、实时报警、智能运维、交通流事件监测等应用功能。

6.5 技术验证示范

6.5.1 项目概况

苏州中心位于江苏省苏州工业园区核心区内，星港街西侧，苏惠路北侧，苏绣路南侧，星阳街东侧，紧邻金鸡湖景区（图 6-3）。区域内有 7 栋高层塔楼和 1 个特大型购物中心，业态涵盖了办公、酒店、公寓、商业以及服务等功能。总建筑面积 112 万 m^2，其中，地面建筑面积 69 万 m^2，地下建筑面积 43 万 m^2。地块内地下总停车位4 468 个。

▲ 图 6-3　区域位置

地下空间采用一体化开发模式，设置了地下环路系统连接车库，同时与星港街隧道通过地下立交衔接，形成了相对复杂的地下路网（图 6-4）。

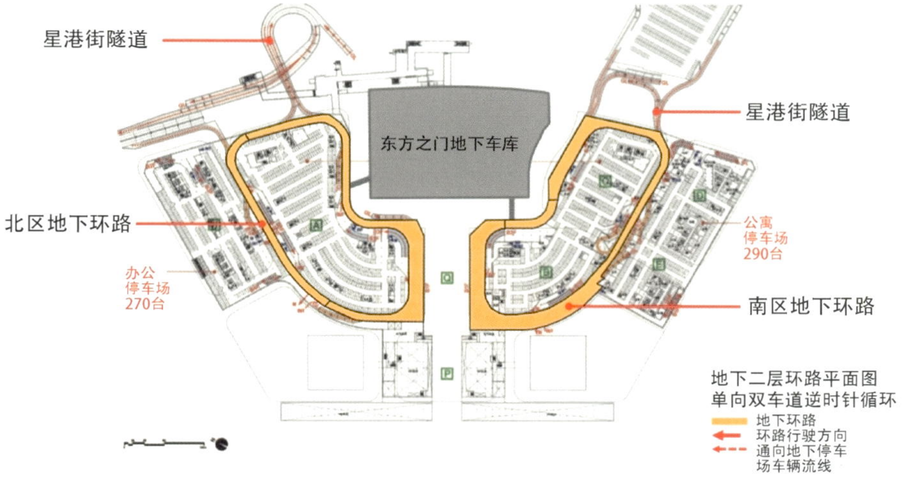

▲ 图 6-4　地下车行系统

6.5.2 示范目标

通过示范段建设，开展技术的应用验证，打通与成熟导航 App 的联系，实现地面-地下无缝衔接、地下车辆从高速隧道至低速车库全过程定位与导航，解决地下驾驶寻路难问题，树立智慧化地下空间利用新典范（图 6-5）。

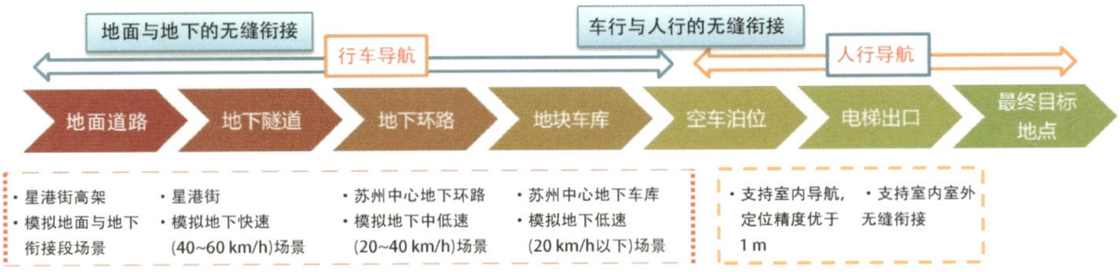

▲ 图 6-5　技术验证示范

6.5.3 示范范围

本项目设计范围为星港街隧道及苏州中心北环，全长 2 500 m，从现代大道北侧地面道路进入星港街隧道，通过内部分流出口匝道驶入苏州中心北区地下环路，沿着北环地下环路后从地下匝道进入星港街隧道后并驶出，如图 6-6 所示。

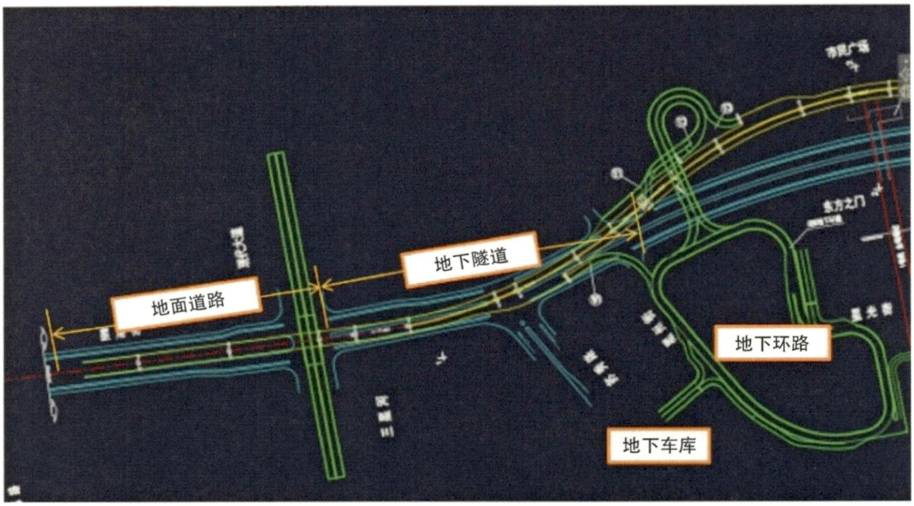

▲ 图 6-6　示范点范围

6.5.4 实施方案

方案内容包括在地下道路内部射频矩阵基站位置布设、供电方案设计、软件平台开发、与导航软件对接以及设备安装与调试等，如图 6-7 所示。

▲ 图 6-7 设计方案示意

1. 点位布置

地下道路内的射频矩阵基站点位布置按如下原则设置：

(1) 最大范围程度考虑信号覆盖；

(2) 满足设计速度对应的信号连续性要求；

(3) 对正常隧道行车无干扰；

(4) 便于养护和维护；

(5) 定位基站周围无明显遮挡物。

在星港街隧道和苏州中心地下环路内基站平面设置间距如表 6-2 所列，共布设射频定位基站 225 个，如图 6-7 所示。在横断面布置上，沿两侧间隔 20 m，位于侧墙顶部，如图 6-8 所示。

表 6-2　点位布置间距

布设区域	设计速度/(km·h^{-1})	间距/m
星港街隧道	40～60	20～40
苏州中心环路	20～40	20～40

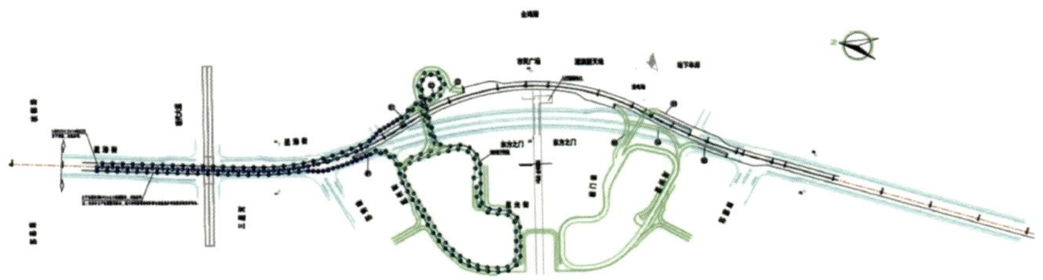

▲ 图 6-7　平面布置

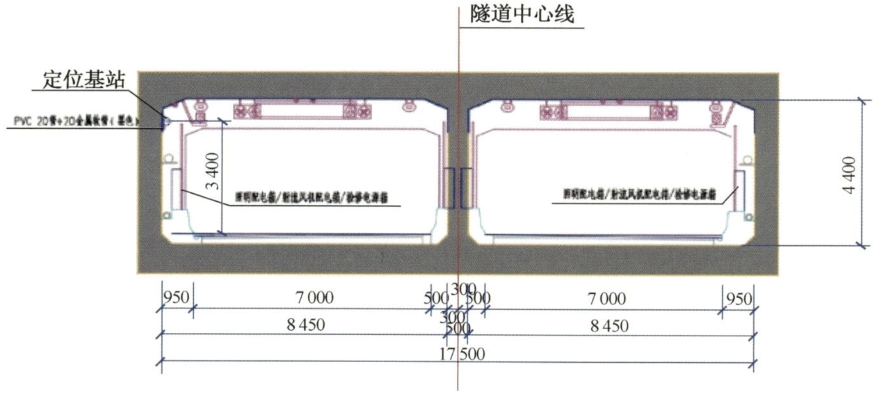

▲ 图 6-8　设备横断面布置

2. 供电与网络方案设计

根据内部设置射频装置数量，总功耗测算为 225×0.9 W＝202.5 W。配电工程由电力施工单位按项目要求实施，整套电力工程供电系统满足基站设备技术参数，同时满足环道管理处对用电安全的管理规定。

从星港街隧道以及地下环路两侧智能箱和 UPS 电源箱，走箱体排管布线至对应点位并安装插座。

本系统安装射频矩阵基站自带 4G-WiFi 模块，通过运营商网络实现无线网络传输。

6.6 实施效果

本项目设备安装便捷，由于体积小，同时安装位于隧道两侧，采用与隧道内饰相同的外观色彩，因此对驾驶人行车视觉无干扰，不影响行车安全。

在测试段内实现了信号全覆盖，无盲区，间距经济合理。通过实测，车辆由地面驶入地下环境过程中，导航 App 自动接收射频矩阵信号，地面-地下无缝衔接，定位坐标未出现飘移、延迟等情况。图 6-9 为测试区域导航示范。

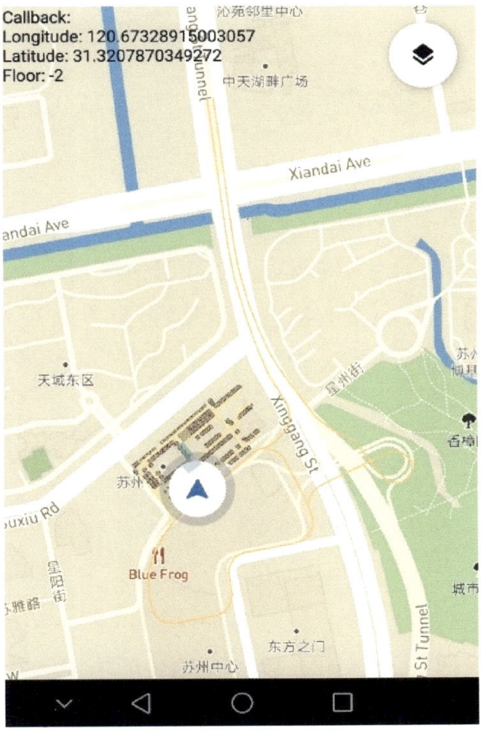

▲ 图 6-9 测试区域导航示范

为进一步定量评估定位的精度和适用性，本书选取了定位精度作为标准来评估可行性。定位精度是评价室内定位技术性能最重要的指标，是指定位系统计算得到的终端位置信息与其真实位置之间的接近程度，通常用二者之间的欧式距离表征。

分别从室内至室内、室外至室外、室内至室外、室外至室内四种不同行驶状况，开展了测试定位精度分析，满足定位精度要求，如图 6-10 所示。

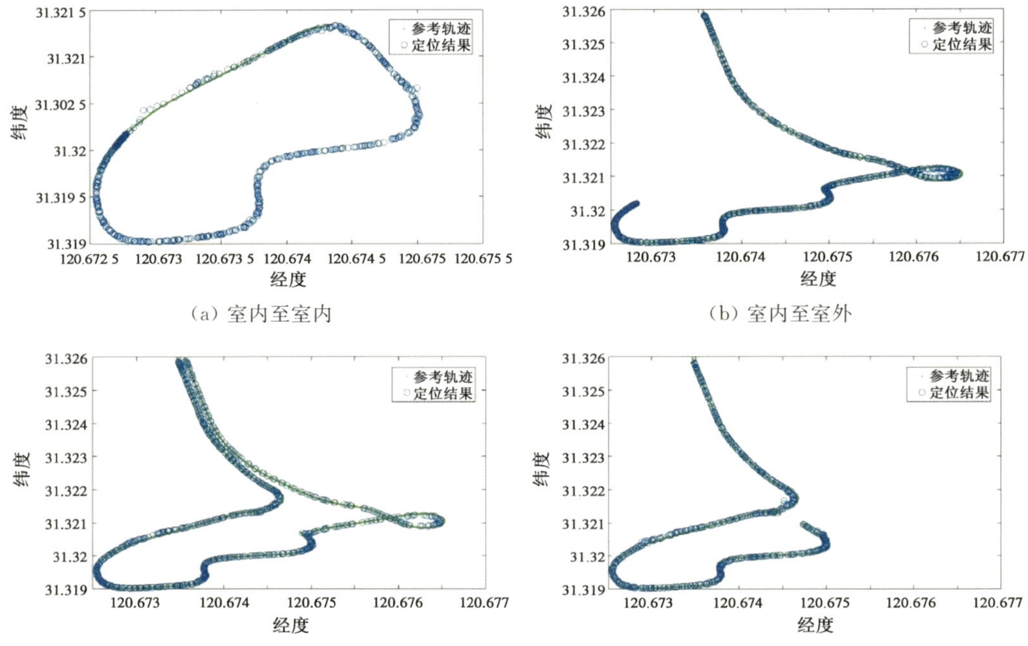

(a) 室内至室内 (b) 室内至室外

(c) 室外至室外 (d) 室外至室内

▲ 图 6-10 定位导航测试轨迹

同时按不同设计速度分别开展了定位精度的测评(图 6-11、图 6-12),在测试过程中采用车速进行验证,当速度为 20～80 km/h 时,手机导航功能均反应灵敏,均能实现定位精准和导航功能。表 6-3 和表 6-4 分别为定位误差及百分比。

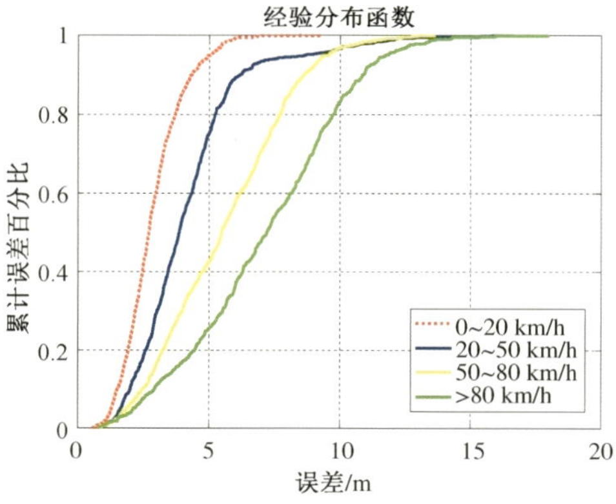

▲ 图 6-11 定位误差累计百分比

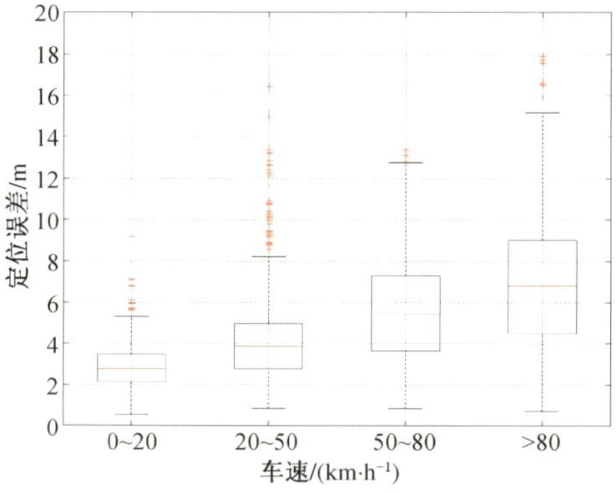

▲ 图 6-12 不同车速定位误差对比

表 6-3 定位误差统计

统计量	0～20 km/h (0～5.6 m/s)	20～50 km/h (5.6～13.9 m/s)	50～80 km/h (13.9～22.2 m/s)	>80 km/h (>22.2 m/s)
平均误差/m	2.85	4.19	5.56	7.13
标准差/m	1.13	2.16	2.41	3.00
方差/m^2	1.28	4.68	5.83	8.99
中位数/m	2.71	3.86	5.51	7.21
95%/m	5.04	8.63	9.57	11.73
最大值/m	9.30	16.64	13.61	17.95
最小值/m	0.59	0.74	0.75	0.76

表 6-4 定位误差百分比

车速	误差大小			
	≤3 m	≤5 m	≤8 m	≤15 m
0～20 km/h (0～5.6 m/s)	60.68%	94.89%	99.85%	100.00%
20～50 km/h (5.6～13.9 m/s)	29.58%	75.00%	94.48%	99.41%
50～80 km/h (13.9～22.2 m/s)	16.41%	42.55%	84.35%	100.00%
>80 km/h (>22.2 m/s)	10.88%	25.63%	58.57%	99.40%

参考文献

[1] Michael P G, Leeming F C, Dwyer W O. Headway on urban streets: observational data and an intervention to decrease tailgating[J]. Transportation Research Part F, 2000, 3(2): 55-64.

[2] Cottrell B H, Edara P K. Evaluation of adding distance information to freeway-specific service (logo) signs[J]. Journal of Transportation Engineering, 2011, 137(11): 782-788.

[3] Shinar David, Vogelzang Margreet. Comprehension of traffic signs with symbolic versus text displays[J]. Transportation Research Part F, 2013, 18: 72-82.

[4] Costa Marco, Simone Andrea, Vignali Valeria, et al. Looking behavior for vertical road signs[J]. Transportation Research Part F, 2014, 23: 147-155.

[5] Liou J J, Huang L L, Wu C F, et al. A study of vision ergonomic of LED display signs on different environment illuminance[C]//9th International Conference on Engineering Psychology and Cognitive Ergonomics. Springer Berlin Heidelberg. 2011: 53-62.

[6] 刘祥胜,葛折圣,李朝文,等.透光道路交通标志牌的原理与应用[J].科学技术与工程,2011, 11(12): 2867-2869.

[7] 向东霞.城市夜间道路导向系统设计研究[D].南昌: 南昌大学, 2011.

[8] 张瑞.多媒体道路交通标志系统设计研究[D].沈阳: 沈阳航空航天大学,2013.

[9] 陈丽丽,金斐斐,彭文利.基于人因学的道路标志研究[J].科技信息,2012(31): 58-59.

[10] 胡同晶. 城市快速路指路标志及管理性标志设计研究[D].西安: 长安大学,2014.

[11] Allen T M, Straub A L. Sign brightness and legibility[J]. Bull 127 HRB National Research Council, 1995, 6(5): 1-14.

[12] Bazire Mary, Tijus Charles. Understanding road signs[J]. Safety Science, 2009: 1232-1240.

[13] 孙兴堂.城市道路指路标志系统设计研究[D].西安: 长安大学,2009.

[14] 白鹏.道路交通标识标志认知性实验研究[D].北京: 北京交通大学,2014.

[15] 侯德藻,黄凯,韩文元.基于驾驶人认知特性的汉字指路标志字高模型研究[J].公路交通科技,2010, 27(3).

[16] 姜军,陆建,李娅. 基于驾驶人视认特性的城市道路指路标志设置[J].东南大学学报(自

然科学版),2010, 40(5): 1089-1092.
[17] 盛莉莉,郭敏.自发光式交通标志亮度与对比度的研究[J].浙江交通职业技术学院学报,2008, 9(3): 21-24.
[18] 杜志刚,潘晓东,肖怀全.路上交通标志合理俯角设置研究[J].交通与运输,2007: 47-57.
[19] 宋子璇,潘晓东,李少帅,等.基于侧墙效应的隧道行车安全评价基础研究[J].公路工程,2010,35(3): 10-13,18.
[20] 张杰.基于眼动仪的驾驶人视点分布特性研究[J].湖南交通科技,2012,12: 153-170.
[21] 吴琼,潘晓东,杨辉,等.基于侧墙效应的隧道行车安全实验研究[J].公路工程,2013,38(5): 99-102,118.
[22] 王赟.公路特殊隧道路段交通标志设计及其有效性评价研究[D].长沙:中南大学,2014.
[23] Brackstore M, Waterson B. Are we looking where we are going? An exploratory examination of eye movement in high speed driving[C]//83rd Annual Meeting of the Transportation Research Board, 2004: 2602-2626.
[24] Victor T W, Harbluk J L, Engstrm J A. Sensitivity of eye-movement measures to in-vehicle task difficulty[J]. Transporation Research Part F, 2005,8(2): 167-190.
[25] Easa Said, He Wenlong. Modeling driver visual demand on three-dimensional highway alignment[J]. Journal of Transportation Engineering, 2006, 132(5): 357-365.
[26] Jurado-Piña R, Pardillo-Mayora J M, Jiménez R. Methodology to analyze sun glare related safety problems at highway tunnel exits [J]. Journal of Transportation Engineering, 2010, 136(6): 545-553.
[27] Yan Bin, Chen Hong, Wong Lu. Visual characteristics of the driver to the tunnel group traffic safety[J]. ICTE, 2011: 3009-3014.
[28] DU Zhigang, Huang Faming, Pan Xiaodong. Analysis on fixation distribution characteristics of drivers in long freeway tunnels[J]. ICTIS, 2013: 1252-1262.
[29] Blumentrath C, Tveit M S. Visual characteristics of roads: A literature review of people's perception and Norwegian design practice[J]. Transportation Research Part A: Policy and Practice, 2014, 59: 58-71.
[30] 路记红.地下道路交通标志对驾驶人注意分散的影响研究[D].天津:天津大学,2013.
[31] 陈鹏,潘晓东,付志斌,等.城市隧道出入口视觉适应性研究[J].交通标准化,2014(19): 1-6.
[32] Ben-Bassat Tamar, Shinar David. The effect of context and drivers' age on highway traffic signs comprehension[J].Transportation Research Part F, 2015, 33: 117-127.